Esrarın Kalp Riski

Bir Kalp Cerrahı, Esrarın Kalp ve Akciğerler İçin Gizli Tehlikelerini Açıklıyor

Jessica Hintz,

Amerika Birleşik Devletleri, 2025

Baskı

Kitap Adı: Esrarın Kalp Riski
Kitap Alt Başlığı: Bir Kalp Cerrahı, Esrarın Kalp ve Akciğerler İçin Gizli Tehlikelerini Açıklıyor
Yazar: Jessica Hintz

Yazar: Jessica Hintz
İletişim: boxingboy898337@gmail.com

ÖNSÖZ

Esrarın Kalp Riski – Bir Kalp Cerrahı, Esrarın Kalp ve Akciğerleriniz İçin Gizli Tehlikelerini Açıklıyor

Yirmi beş yılı aşkın bir süredir insanların göğüs kafeslerini açtım, hasarlı kalpleri onardım ve on yıllarca süren yaşam tarzı seçimlerinin insan vücuduna neler yapabileceğini bizzat gördüm. Sigara içenleri, diyabet hastalarını, maraton koşucularını, doğuştan kusurlu gençleri ve zamanın sonuçlarıyla mücadele eden yaşlı hastaları ameliyat ettim. Ancak son on yılda, bana öğretilen her şeye ve toplumun inandığı her şeye meydan okuyan bir örüntü fark etmeye başladım: Hiç sigara içmemiş hastalar; ancak akciğerleri, ömür boyu tütün kullananlar kadar kararmış ve hastalıklı görünüyordu. Ciddi koroner tıkanıklıkları olan hastalar, "temiz" yaşadıklarını, egzersiz yaptıklarını, iyi beslendiklerini ve tüm olağan kardiyovasküler risklerden kaçındıklarını ısrarla söylüyorlardı.

Onlara ne olduklarını sorduğumda*yaptı*Kullanım şekline gelince, cevap neredeyse her zaman aynıydı:

"Sadece esrar. Ama doğal olduğu için güvenli."

Samimiyetleri gerçekti. İnançları gerçekti. Ama bedenleri farklı bir hikaye anlatıyordu.

Ülke genelindeki ameliyathanelerde cerrahlar aynı şeyi görüyor: Sadece esrar dumanına maruz kalan kişilerde şiddetli akciğer lekelenmesi, iltihaplı hava yolları, erken arter hasarı ve beklenmedik tıkanıklıklar. Ancak hastane duvarlarının dışında çok farklı bir anlatı hakim; bu anlatı, esrarın "organik", "bitkisel" veya "doğal" olduğu için zararsız olduğunu varsayıyor.

Bu kitabın amacı yargılamak, eleştirmek veya ahlak dersi vermek değil. Amacım basit:

Pek çok insanın hiç duymadığı gerçekleri sunmak; hayat kurtarabilecek gerçekleri.

Günümüzde esrar, on yıllar öncesine göre daha güçlü. İnsanlar onu tütünden farklı şekilde soluyor. Yasallaştırma hareketi, istemeden de olsa "yasal" ve "güvenli" arasındaki çizgiyi bulanıklaştırdı. Ve sağlıklı yaşam kültürü, onu strese karşı zararsız bir panzehir olarak yeniden tanımladı. Bu gürültünün ortasında, bilim ayak uydurmakta zorlanıyor ve ayak uydurduğunda bile, bu bulgular nadiren en çok ihtiyaç duyan insanlara ulaşıyor.

Bu kitap, bu boşluğu doldurma girişimimdir.

Bu, hakemli araştırmalara, klinik kanıtlara ve en önemlisi, kronik esrar dumanından zarar görmüş akciğerler, atardamarlar ve kalpler üzerinde yıllarca süren doğrudan incelemelere dayanmaktadır. Esrarın tıbbi uygulamaları olabilir ve belirli bağlamlarda tütünden daha güvenli olabilirken, onu içmek...*Olumsuz*Risksiz bir eylem. Duman, kaynağı ne olursa olsun, sonuçlar doğurur. Akciğerler hava için tasarlanmıştır, başka bir şey için değil. Ve kalp, kamuoyunun aksine, "organik" ve "sentetik" arasında ayrım yapmaz.

Bu kitabı yazmamın sebebi, bana ciddi kalp veya akciğer hastalığıyla gelen birçok hastanın, günlük esrar alışkanlıklarının bu hastalıklarda rol oynadığını öğrenince şok olmalarıydı. Hiçbir fikirleri yoktu. Kimse onları uyarmamıştı. Ve ameliyat masama geldiklerinde, hasar zaten oluşmuştu.

Bu kitap tek bir işe yararsa -hatta tek bir kişinin bile daha bilinçli bir seçim yapmasına yardımcı olursa- amacına ulaşmış olacaktır.

Korkutma taktikleri yok. Abartı yok. Sadece tıbbın gördüğü gerçek.

—Jessica Hintz
Aralık 2025

İÇİNDEKİLER

Bölüm 1 – Organik Yanılgı: İnsanlar Neden Esrar Dumanının Güvenli Olduğunu Düşünüyor?

On yıllardır insanlar, "doğal" olan her şeyin zararsız, hatta faydalı olduğuna inanmaya şartlandırıldı. Bu fikir modern kültüre o kadar derinlemesine işlemiş durumda ki, bir şeyin doğal olduğundan bahsetmek bile başlı başına bir anlam ifade ediyor.*organik*Bu durum, her türlü ihtiyat duygusunu etkisiz hale getiriyor gibi görünüyor. Esrar, belki de diğer tüm maddelerden daha fazla, bu yanılsamanın merkezinde yer almıştır. Yasallaşmanın yayılması ve sosyal medyanın bitkiyi zararsız bir sağlık ışığıyla sarmasıyla birlikte, esrar içmenin çok az veya hiç risk taşımadığı inancı, kolektif bir varsayıma dönüştü; bu varsayım, basit bir alışkanlığın çok ötesine geçerek artık kültürel bir gerçekliğe benziyor.

Bu yanılsama, dilin basit bir yanlış anlaşılmasıyla başlar. Bir maddeye doğal denildiğinde, insan zihni onun keskin kenarlarını yumuşatma eğilimindedir. Doğal olanı güvenli ile eşdeğer tutan psikolojik bir içgüdü vardır; sanki yeryüzünün kendisi hiçbir zararlı şey üretmiyormuş gibi. İnsanlar, en ölümcül maddelerin birçoğunun -baldıran otu, arsenik, belladonna, zehirli mantarlar, tütün- tamamen doğal olduğunu unutuyorlar. Yine de modern dünya bu kelimeyi "doğal" olarak nitelendirmiştir.*organik*Yiyeceklerden cilt bakım ürünlerine, bitkisel ilaçlara kadar her şeyde, açık riskleri olan ürünlere bile uzanan bir saflık halesi yaratıldı. Esrar, on yıllarca süren kültürel mesajlaşma yoluyla bu halenin içine çekildi. Eski, doğal, laboratuvarda üretilmek yerine toprakta yetişen bir şey olarak görülüyor ve bu nedenle kimyasal zehirlerle ilişkilendirilen tehlikelerin hiçbirini taşımadığı varsayılıyor.

Bu yanılsamanın kökleri derine uzanıyor ve esrarı bilimsel bir konu yerine isyan sembolü olarak gören nesillere kadar gidiyor. Daha eski kültürel hareketler onu zararsız bir kaçış, hiçbir sonuç doğurmayan bir rahatlık sunan bir bitki olarak yüceltti. Yetmişli ve seksenli yıllar, esrar kullanıcılarının seçimlerini alkol veya sert uyuşturucuların daha sert imajıyla gururla karşılaştırdığı bir anlatıyı şekillendirdi. Yıllarca büyük sorunlar yaşamadan esrar içen insanların hikayeleri nesilden nesile aktarıldı ve bu anekdotlar kendi başlarına birer kanıt haline geldi. Esrarın en nazik kötülüklerden biri, hafif ve affedici bir şey olduğu, neredeyse bir alışkanlıktan ziyade bir sağlık ritüeli olduğu inancı yerleşti.

Nesiller arası etki bununla da sınırlı kalmadı. Yeni nesil gençler esrarı benimserken, kendilerinden önceki nesillerin yumuşatılmış algısını miras aldılar. Esrarın sadece bir bitki olduğunu, sigaradan daha az tehlikeli olduğunu, tütünle ilişkilendirilen uzun vadeli etkileri taşımadığını söyleyenleri duyarak büyüdüler. Bazıları büyükannelerinin veya ebeveynlerinin esrarı belirgin bir zarar görmeden keyif amaçlı kullandığını izledi. Bu örnekler, sınırlı veya eksik olsa bile, esrarın, sigara içmek olarak bile sayılırsa, seçilebilecek en güvenli sigara içme biçimi olduğuna dair inancı güçlendirdi.

Ancak yanılsamayı besleyen başka bir şey daha vardı: yasallaşmayla birlikte gelen kültürel değişim. Farklı ülkeler ve eyaletlerde yasalar değiştikçe, birçok kişi yasal kabulü tıbbi onay damgası olarak yorumladı. İnsanlar, hükümetler esrar satışına izin veriyorsa, bunun bilimsel olarak güvenli olup olmadığının test edilmiş olması gerektiğini varsaymaya başladılar. Yasallaşma, niyetin çok ötesine uzanan bir güvenlik halesi yarattı. Birçoğu, yasallaşmanın genellikle yalnızca tıbbi nedenlerle değil, sosyal ve siyasi nedenlerle gerçekleştiğini asla fark etmedi. Halk, düzenleme ile onay arasında nadiren ayrım yapar. Eskiden içki dükkanlarının bulunduğu yerlerde esrar satış yerleri açıldığında ve parlak menülerde uyuşturucu uyarılarından ziyade çay etiketlerine benzeyen tür açıklamaları sunulduğunda, bilinçaltındaki sonuç daha da güçlenir: Bu güvenli olmalı.

Pazarlama, bu algının şekillenmesinde güçlü bir rol oynadı. Eczaneler nadiren kliniklere benziyordu; bunun yerine rahat, sanatsal, hatta lüks görünüyorlardı. Ürünler şık teneke kutularda veya çevre dostu poşetlerde paketleniyor, etiketler yapraklar, yumuşak renkler ve doğadan ilham alan yazı tipleriyle süsleniyordu. Sakinliği, yaratıcılığı veya iyileşmeyi vurgulayan yatıştırıcı isimler vardı. Sunumun her yönü sağlıklı hissettirmek üzere tasarlanmıştı ve bu da risklerin minimum olduğu varsayımına katkıda bulundu. Bir ürün, köşesinde saksı bitkileri olan ve arka planda rahatlatıcı müzik çalan parlak, modern bir mağazada satıldığında, akciğerlere zarar verebileceğini veya kalbi zorlayabileceğini hayal etmek zorlaşıyor.

Sosyal medya bu yanılsamayı yaygın bir inanca dönüştürene kadar büyüttü. Kısa videolar ve özenle seçilmiş görsellerle dolu platformlarda, esrar genellikle fizyolojik sonuçları olan bir madde olmaktan ziyade bir yaşam tarzı aksesuarı olarak gösteriliyor. İnsanlar, içerik üreticilerinin zahmetsizce sigara sardığını, gün batımı havasına duman üflediğini veya esrarın rahatlamalarına nasıl yardımcı olduğunu yumuşak bir sesle anlattığını izledi. Bu tür gönderilerin altındaki yorumlar genellikle aynı duyguyu yansıtıyordu: esrarın alkolden, sigaradan, stresten daha güvenli olduğu. İzleyiciler, bu görsellerin hiçbirinin akciğerlere giren dumanın biyolojik maliyetini veya kardiyovasküler sistem üzerindeki gerçek etkisini göstermediğinin farkına varmadan bu görselleri inceledi.

Bu yanılsamanın bir diğer katmanı da insanların esrarı tütünle karşılaştırma biçiminden kaynaklanıyordu. Birçoğu, esrarın nikotin içermemesi ve büyük tütün şirketleriyle ilişkilendirilmemesi nedeniyle daha sağlıklı bir seçim olması gerektiğine inanıyordu. Tütünün tek başına akciğer kanserine veya kronik bronşite neden olduğunu varsayıyorlardı; oysa herhangi bir bitki materyalinin yakılmasının zararlı kimyasallar ve zehirli parçacıklar açığa çıkardığı gerçeğini göz ardı ediyorlardı. Bazı kullanıcılar, nefes alma yöntemlerinin daha nazik olduğuna veya kullanım sıklıklarının daha düşük olduğuna ve bu nedenle kendilerini önemli bir riske maruz bırakmadıklarına bile kendilerini ikna etmişlerdi. Bu karşılaştırmalar, insanların esrarın iki kötülükten daha az kötü olanı olduğuna inanarak alışkanlıklarını haklı çıkarmalarına olanak sağladı.

Sağlıklı yaşam sektörü de kendi etkisini ekledi. CBD ürünleri piyasayı istila ettikçe, tıbbi faydalar ile keyif amaçlı sigara kullanımı arasında belirsiz bir çizgi oluştu. İnsanlar uyku, kaygı ve iltihaplanma için pazarlanan yağlar, sakızlar, tentürler ve losyonlar gördüler. Kanabinoidler ve terpenler gibi kelimelere bilimselmiş gibi görünen iddialar eklendi. CBD ve THC etkileri ve riskleri açısından önemli ölçüde farklılık gösterse de, ortalama tüketici genellikle bunları genel bir terapötik fayda anlayışı altında bir araya getirdi. Eğer CBD vücut için iyiyse, diye düşündüler, o zaman esrar içmek de çok uzaklarda olamazdı. Bir şekilde kaygı veya ağrıyı azaltmaya yardımcı olan bir bitki, başka bir şekilde zararlı olamazdı. Doğal çözümleri teşvik etmeye çalışan sağlıklı yaşam kültürü, istemeden de olsa esrar dumanının solunmasının güvenliği konusunda bir yanlış anlamayı körükledi.

Yanılsamanın psikolojik katmanı belki de en güçlü olanıdır. İnsanlar bilimsel verilerden ziyade kişisel deneyimlerine daha çok güvenme eğilimindedir. Birisi esrar içip hastalanmak yerine sakinleşirse, bu deneyimi zararsız olarak değerlendirecektir. Anında zarar olmaması, beyni gizli bir tehlike olmadığına ikna eder. Vücut, akciğerlerin katranla kaplandığı veya atardamarların hafif bir iltihaplanma yaşadığına dair açık sinyaller göndermez. Sonuçlar zaman içinde sessizce geliştiği için, esrar o an için hafif görünür. Bu, riskin düşük veya yok denecek kadar az olduğu inancını güçlendirir. Zihin hızlı geri bildirim arar ve almadığında güvende olduğunu varsayar.

İnsanlar, zarar uzak veya soyut göründüğünde riski de hafife alırlar. Kalp hastalığı veya akciğer hasarı fikri, hafta sonları birkaç esrar içen veya geceleri uyumak için esrar kullanan kişiler için değil, yaşlı insanlar veya yoğun tütün kullanıcıları için geçerli bir şey gibi görünür. Zararın dramatik ve ani bir şey olduğunu, farkında olmadan sessizce gerçekleşen yavaş bir birikim olduğunu düşünmezler. Kardiyovasküler zorlanmanın veya akciğer tahrişinin erken evreleri dramatik semptomlar üretmediği için, kullanıcılar zarardan kurtulduklarını varsayarlar. Bu yanlış bağışıklık duygusu, esrarın benzersiz derecede zararsız olduğu inancını güçlendirir.

Bunun da ötesinde, esrarla ilgili kültürel söylem genellikle potansiyel faydalarına odaklanırken, risklerden büyük ölçüde bahsedilmiyor. İnsanlar tıbbi bağlamlarda mide bulantısını azaltma, iştahı artırma veya rahatsızlığı hafifletme yeteneğinden bahsediliyor. Kanser hastaları veya kronik ağrı çekenler arasında kullanımından bahsediliyor. Rahatlama veya yaratıcılık için tasarlanmış türler hakkında bilgi ediniliyor. Uzmanların terapötik potansiyelini tartıştığı belgeseller izleniyor. Bütün bunlar, dumanın kalp ve akciğerler üzerindeki sonuçlarından ziyade çok yönlülüğü ve iyileştirici etkisini vurgulayan tek taraflı bir anlayış oluşturuyor. İnsanlar riskleri kabul etseler bile, esrarı daha tehlikeli maddelerle karşılaştırarak bunları küçümseme eğiliminde oluyorlar. İnanç sadece esrarın güvenli olduğu değil, aynı zamanda mevcut en güvenli seçenek olduğu yönünde oluyor.

Yasallaştırma, güvene bir katman daha ekledi. Hükümetler yetiştiricilere lisans vermeye, satışlardan vergi almaya ve standart ambalajlar oluşturmaya başladığında, birçok kişi esrarın ilaçlarla aynı düzeyde güvenlik incelemesinden geçtiğini varsaydı. Kamu sağlığını korumak için tasarlanmış düzenleyici filtrelerden geçtiğine inanıyorlardı. Gerçek daha karmaşıktı. Ürünler üretim, dağıtım ve yaş sınırlamaları açısından düzenleniyordu, ancak sigara içmenin uzun vadeli sağlık etkileri politika ile ortadan kaldırılmıyordu. Yine de, halk yasal esrarı güvenilirliğin bir işareti olarak gördü, sanki hükümet risklerin önemsiz olduğunu işaret ediyordu.

Dünya kabullenmeye doğru kayarken, endişelerini dile getirenler aleyhinde ince bir damga oluştu. Esrarın sağlık üzerindeki etkileri konusunda uyarıda bulunan kişiler genellikle çağ dışı veya bilgisiz olarak nitelendirildi. Bazılarına endişelerinin yirminci yüzyıldan kalma eski propagandaya benzediği söylendi. Kültürel sarkaç kabullenmeye o kadar fazla kaymıştı ki, riskten bahseden herhangi bir ses abartılı veya taraflı gibi görünüyordu. Bu durum, gerçek bilimsel uyarıların halka ulaşmasını daha da zorlaştırdı. Birçoğu, yıllardır sahip oldukları rahat inançla çelişen hiçbir şey duymak istemiyordu.

Ancak tüm bu kültürel, psikolojik ve pazarlama odaklı etkilerin altında, vücut sosyal inançlara kayıtsız kalır. Akciğerler doğal ve yapay duman arasında ayrım yapmaz. Kalp, tepkisini kültürel algıya göre ayarlamaz. Kardiyovasküler sistem yalnızca karşılaştığı kimyasal ve fiziksel gerçeklere yanıt verir. Esrar dumanı akciğerlere girdiğinde, vücut onu herhangi bir yanmış organik maddeyi işlediği gibi işler: iltihaplanma, tahriş, oksidatif stres ve kalbin artan iş yüküyle. Bu etkiler, kullanımın ardındaki niyetlerle veya bitkinin kökeniyle yumuşatılmaz. Kullanıcının maddenin ne kadar güvenli olduğuna inandığına bakılmaksızın, sessizce, duyurulmadan meydana gelirler.

Bu bölüm, esrarın doğal olduğu için zararsız olduğu yanılsamasının ardındaki karmaşıklığı ortaya koymaktadır. Bu yanılsama, on yıllarca süregelen kültürel anlatılardan inşa edilmiş, yasallaştırmanın estetiğiyle güçlendirilmiş, sağlıklı yaşam endüstrilerinin pazarlamasıyla desteklenmiş ve insanları bilimsel kanıtlardan ziyade kendi deneyimlerine güvenmeye teşvik eden psikolojik önyargılarla sürdürülmüştür. Bu yanılsama, arkadaşlardan gelen hikayeler, özenle hazırlanmış sosyal medya paylaşımları, çekici ambalajlar ve solunduktan sonra hemen hiçbir semptomun görülmemesiyle daha da güçlenmektedir.

Bu yanılsamanın neden var olduğunu anlamak, onu ortadan kaldırmanın ilk adımıdır. Okuyucular ancak inancı şekillendiren güçleri tanıyarak, esrarı varsayımlardan ziyade net bir şekilde değerlendirmeye başlayabilirler. Gerçek şu ki, esrar benzersiz bir şekilde kötü veya evrensel olarak zararlı değildir. Sadece herhangi bir şeyi -hatta doğal bir şeyi bile- içmenin, kültürel algı veya kişisel tercihle ortadan kaldırılamayacak riskler taşıdığıdır. Bu kitap, konuşmayı bulanıklaştıran mitleri çözmeyi, tıbbi gerçekliği ortaya koymayı ve insanların vücudu soyut bir makine olarak değil, karşılaştığı her maddeye tepki veren hassas bir sistem olarak anlamalarına yardımcı olmayı amaçlamaktadır. Güvenlik yanılsaması güçlüdür, ancak bilgi daha güçlüdür.

Bölüm 2 – Cerrahın Bakış Açısı: Ameliyat Odasında Geçirilen 25 Yıl Neler Ortaya Çıkardı?

Sık sık, bir cerrahın eğitiminin tıp fakültesinden çok sonra, ilk göğüs açıldığında ve insan kırılganlığının gerçekliği ameliyat masasından buhar gibi yükseldiğinde başladığını söylerdi. Dr. Jeremy London, bu cümleyi, bir ustayı gözlemleyen öğrencilerin mesafeli saygısıyla onu izleyen asistanlara defalarca tekrarlamıştı. Ancak, bir hastanın yaşam tarzı hakkında anlattığı hikayeyle uyuşmayan bir çift akciğere bakarken, buna her zaman en derinden inanmıştı. Ameliyat odasında geçirdiği yirmi beş yıl ona birçok gerçeği öğretmişti, ancak hiçbiri onu, "sağlıklı" olduklarında ısrar eden hastalarda gördüğü inkar edilemez kalıptan daha fazla rahatsız etmemişti; hiç tütün içmemiş olmalarına rağmen, akciğerleri o kadar koyuydu ki, bir keresinde bir baca temizleyicisinin içine yerleşmiş gibi göründüklerini söylemişti.

Esrar hakkında insanların sahip olduğu varsayımları sorgulamasına neden olan ilk vakayı hatırladı. Kariyerinin başlarındaydı, hastaların anlattığı her şeye hâlâ tam doğru olduğuna inanıyordu. Otuzlu yaşlarının başlarında genç bir adam göğüs ağrısıyla getirilmişti, yüzü solgundu, alnında ter damlacıkları vardı ve sigara içme öyküsü yoktu. Nispeten sağlıklıydı, ailesinde önemli bir kalp hastalığı öyküsü yoktu ve acil servis notu, bypass ameliyatı için alışılmadık derecede genç bir aday olduğunu gösteriyordu. Dr. London göğsü açıp atardamarları gördüğünde şok anında olmuştu. Damarlar daralmış, sertleşmiş ve kalınlaşmıştı, genellikle hastanın yaşının iki katı olan erkeklerde gördüğü damarlara benziyordu - on yıllarca her gün bir veya iki paket sigara içen erkeklerde. Tıkalı atardamara bakarken, sayıların, yaşın, öykünün - hiçbirinin mantıklı olmadığını düşündüğünü hatırladı. Hasta daha sonra üniversite yıllarından beri her gün esrar kullandığını itiraf ettiğinde, Dr. London bunu sessizce not etmişti, ancak o sırada bunun ne anlama geldiğinden emin değildi. Tek bir vaka, bir kalıp teşkil etmezdi.

Ancak kalıpların, anatomiyle her gün çalışanlar için kendilerini gösterme gibi bir özelliği vardır. Yıllar geçtikçe, hikayeler ürkütücü bir tutarlılıkla tekrarlandı. Kırklı yaşlarında, hiç sigara içmemiş bir kadın, anjina pektoris şikayetiyle geldi ve sonunda üçlü bypass ameliyatı geçirmek zorunda kaldı. Atardamarları o kadar sertleşmiş ve daralmıştı ki, doktor kadının nasıl hayatta kaldığına şaşırmıştı. Sigara hakkında sorulduğunda yumuşak bir sesle konuşmuş ve hiç sigara içmediğini itiraf etmişti. Ancak kocası, "her akşam biraz rahatlamak için" esrar içtiğini söylediğinde, eksik parça yerine oturdu. Dr. London o zaman, insanların esrarı diğer duman türleriyle ilişkili risklerden muaf tuttuğunu, sanki bitkinin doğal kökeni fizyolojik sonuçlardan bağışıklık sağlıyormuş gibi düşündüğünü öğrenmişti.
Ameliyat odasında ise duman dumandı ve akciğerler yalan söylemezdi.
Hasta raporlarına dayanarak nispeten normal akciğer dokusu görmeyi beklediği ameliyatları hatırladı; ancak eldivenli ellerinin altında hasarlı bir branda gibi katlanan, kararmış, benekli bir yüzeyle karşılaşıyordu. Omuzunun üzerinden bakıp hastanın sigara içmediğini fısıldayan tıp öğrencilerinin inanmazlığını neredeyse duyabiliyordu. Daha önce birçok kez bu durumu görmüş birinin yumuşak sesiyle, hastanın düzenli olarak esrar içtiğini sessizce açıklıyordu. Katranın hangi bitkiden geldiğine bakılmaksızın ne yaptığını, iltihabın tütün yaprakları ve kenevir reçinesi arasında ayrım yapmadığını ve akciğerlerin kirleticileri, onları soluyan kişinin niyetine danışmadan nasıl işlediğini anlatıyordu.

Dr. London, her zaman işine bilinçli bir sakinlikle yaklaşmıştı; bu sakinlik, bir hastanın kalbini yeniden yapılandırırken bile konuşmasına olanak tanıyordu. Ancak mesleğini icra ettikçe, esrarın bitkisel, bitki kaynaklı veya endüstriyel olmayan bir madde olduğu için bir şekilde güvenli olduğuna dair süregelen yanlış algıdan duyduğu hayal kırıklığı giderek artıyordu. Aile üyelerinin, sevdiklerinin kalp hastalığının olası nedenini açıkladığında şaşkınlıkla baktıkları sayısız anı hatırlıyordu. Şaşkın seslerle, esrarın sigara gibi olmadığını, doğal olduğunu ve topraktan yetiştiğini söylüyorlardı. Her seferinde sabırla dinliyordu, ancak içten içe aynı tanıdık hayal kırıklığını hissediyordu. İnsanların genellikle görmek istediklerini gördüklerini ve esrarla ilgili anlatının tıp tarafından değil, kültür, kolaylık ve popüler inanç tarafından şekillendirildiğini uzun zamandır anlamıştı.

Özellikle bir ameliyat, diğerlerinden daha canlı bir şekilde aklında kalmıştı. Hasta, şiddetli koroner tıkanıklığı ve ani nefes darlığı yaşayan elli iki yaşında bir adamdı. Görünüşte, nispeten normal bir yaşam tarzına sahip ortalama bir orta yaşlı birey gibiydi. Aşırı alkol tüketmiyordu, orta derecede aktif bir işi vardı ve tütün kullanımıyla ilgili hiçbir geçmişi yoktu. Dr. London göğüs boşluğunu açtığında, gördüğü manzara sarsıcıydı. Akciğerler simsiyah olmuş, dokuya düzensiz yamalar halinde yayılmış is benzeri birikintilerle kaplıydı. Daha önce benzer akciğerler görmüştü, ancak bu vakayı derinden rahatsız eden şey, hastanın kendi sigara alışkanlıklarının içinde bulunduğu duruma katkıda bulunabileceğine inanmayı reddetmesiydi. Neredeyse yirmi yıldır her gün içtiği esrarın büyük bir rol oynamış olabileceği söylendiğinde, adam bunun mümkün olamayacağını ısrarla savunmuştu. Esrarı sigaraya kıyasla temiz, organik ve zararsız olarak tanımlamıştı. Dr. London, adamın konuşurken sesinin, sanki güvendiği bir dostunu savunuyormuş gibi hafifçe yükseldiğini hatırladı ve o zaman bu inançların insanların zihinlerine ne kadar derinden yerleşmiş olduğunu fark etti.

Ameliyat odasında, parlak cerrahi ışıklar altında inançlar yok oldu. Biyoloji, bir kişinin ne olması gerektiğini düşünmesiyle ilgilenmedi; sadece zaman içinde yapılan seçimlerin sonuçlarını yansıttı.

Ameliyatlar bu gerçeklerin en çarpıcı şekilde ortaya çıktığı ortamlar olsa da, Dr. London bunlarla daha sakin klinik konuşmalarda da karşılaştı. Rutin kontrollerde, hastaların nefes darlığı, göğüs sıkışması veya alışılmadık yorgunluktan bahsettiklerini duyardı. Sigara kullanımını kendinden emin bir şekilde reddederlerdi, çoğu zaman en zararlı kötü alışkanlık olduğuna inandıkları şeyden uzak durmaktan gurur duyarlardı. Ancak konu esrara geldiğinde, sanki neredeyse hiç risk oluşturmuyormuş gibi, sıradan bir şekilde bahsederlerdi. Birçok kez hastalar sadece "biraz" esrar içtiklerini söylerlerdi; "biraz" kelimesi, günlük veya neredeyse günlük kullanım gerçeğini gizlerdi. Dinler ve zihninde maruz kalma yıllarını hesaplardı, bu kişilerin akciğerlerinin içeriden nasıl göründüğünü bilirdi.

Toplumun esrar dumanının risklerini sadece hafife almakla kalmayıp, tamamen göz ardı ettiğini anladı. Bir keresinde, esrar dumanının gerçekten tütünle aynı düzeyde arter hasarına neden olup olamayacağını sorgulayan bir grup tıp asistanıyla oturmuştu. Onlara önceki ameliyatlardan görüntüler göstermiş, lezyonları, tıkanıklıkları ve kalınlaşmış arter duvarlarını karşılaştırmış ve herhangi bir yanan bitkiden çıkan partikül maddelerin oksidatif strese, iltihaplanmaya ve endotel hasarına nasıl yol açtığını ayrıntılı olarak açıklamıştı. Bir asistan şaşkın bir sesle, esrarın daha önce hiç kardiyovasküler risk olarak ele alındığını görmediklerini belirtmişti. Dr. London, bu konuşma eksikliğinin sonuçların yokluğunu değil, sadece farkındalık eksikliğini yansıttığını söylemişti.

On yıllar boyunca, yıllardır gözlemlediği şeyleri doğrulayan bilimsel çalışmaların yavaş yavaş ortaya çıktığını gördü. Araştırmalar, genç esrar kullanıcılarında kalp krizi riskinin arttığını, esrar tüketiminden sonra aritmi vakalarının arttığını ve düzenli tütün içenlerde görülenlere benzer akciğer tahrişi belirtileri olduğunu göstermeye başladı. Sağlık kurumlarının riskleri ihtiyatlı bir şekilde kabul etmeye başladığını izledi, ancak kamuoyu algısı yıllarca geride kaldı. Kültürün sağlık kararlarını ne kadar derinden etkileyebildiğini görmek onu hayal kırıklığına uğrattı; yeterince sık tekrarlanan bir inancın, gerçeklikten ziyade güvence arayanların zihninde nasıl bir gerçek haline geldiğini görmek onu üzdü.

Ancak cerrahi, onu gerçekle tereddüt etmeden yüzleşmeye alıştırmıştı. Kalbin dakikalar içinde durdurulup yeniden çalıştırılması gereken, tek bir yanlış hareketin bir hayatın sonucunu değiştirdiği ameliyatlarda yer almıştı. O anlarda, rahatlıktan çok netlik önemliydi. Ve yirmi beş yıl boyunca kazandığı netlik tartışılmazdı: esrar dumanı gerçek, ölçülebilir ve tehlikeli sonuçlar doğuruyordu.

Uzun bir ameliyatın ardından hastaneden çıktığı geceleri, antiseptik kokusunun hâlâ ameliyat önlüğüne sinmiş halini hatırladı ve akciğerlerin insanların duymayı reddettiği hikayeleri anlatabilmesinin ne kadar garip olduğunu düşündü. Doku, yıllarca süren solunumun, iltihaplanma modellerinin, toksinlerden kaynaklanan hasarın ve dumanın belirgin izinin izlerini ortaya koyuyordu. Bazı akciğerler pembe ve sağlıklı görünürken, diğerleri siyah katranla kaplıydı ve bazıları o kadar hasar görmüştü ki neredeyse hiç genişlemiyordu. Esrarın kararttığı akciğerleri gördüğünde, bu asla sadece tıbbi bir gözlem değildi; toplumun önemli bir şeyi, sadece vücudun içinde çalışanların görebileceği bir şeyi gözden kaçırdığının bir hatırlatıcısıydı.

Konferanslarda bu deneyimlerinden bahsetmişti, ancak dinleyicilerin bir yandan kanıtları kabul edenler, diğer yandan da konunun kişisel inançlara veya siyasi tartışmalara değinmesi nedeniyle tereddüt edenler arasında bölündüğünü sık sık hissetmişti. Her zaman konuya tarafsız bir şekilde yaklaşmış, abartmadan veriler sunmuş ve vakaları anlatmıştı. Yine de insanların yüzlerindeki şaşkınlık devam ediyordu. Birçoğu daha sonra yanına gelip, esrarın kardiyovasküler bir risk oluşturduğunu hiç düşünmediklerini sessizce söylüyordu. Hatta bazıları kendilerinin de esrar içtiğini itiraf ederek endişelenmeleri gerekip gerekmediğini soruyordu. O da dürüstçe cevap vererek, riskin kullanım sıklığı, süresi ve yöntemiyle arttığını söylüyordu. Gördüklerini ve neden kendisini derinden endişelendirdiğini açıkladığında, yüz ifadeleri sıradan ilgiden düşünceli bir endişeye dönüşüyordu.

Yıllar geçtikçe, esrar kültürünün inkârı nasıl şekillendirdiğini de fark etti. İnsanlar, esrarın doğal kökenine, diğerlerinin nesilden nesile aktarılan halk ilaçlarına inandığı gibi inanıyorlardı. Esrarın sadece bir bitki olduğunu, bu yüzden sigarayla aynı türden zarara nasıl yol açabileceğini şaşkın bir sesle soran bir hastasını hatırladı. Nazikçe, tütünün de bir bitki olduğunu ve tehlikenin yaprakta değil, yanmada, yanma ürünlerinin solunmasında ve vücutta toksinlerin birikmesinde olduğunu söylemişti. Hasta yavaşça başını sallamış, açıklamayı sessizce özümsemişti ve Dr. London, kamuoyunun varsayımları ile tıbbi gerçeklik arasındaki uçurumu bir kez daha görmüştü.

Yanlış anlamalara rağmen, her hastaya aynı istikrarlı sabırla yaklaştı. İnsanların bilgiyi kasıtlı olarak kötüye kullanmadığını, sadece rahatlatıcı veya tanıdık gelen anlatıları takip ettiklerini anlıyordu. Ancak bu riskleri duyurmanın, esrar dumanının zararsız veya masum olduğu inancına meydan okumak için yılların deneyimini kullanmanın önemini de anlıyordu. Gördüğü her kararmış akciğer, beklenmedik şekilde tıkanmış her atardamar, orantısız hasarı ortaya çıkaran her ameliyat, bu mesajın ne kadar hayati önem taşıdığının bir hatırlatıcısıydı.

Kariyerinin son yıllarında, bu konudaki inancı daha da pekişti. Daha önce çoğunlukla yaşlı nüfusta görülen kalp sorunlarının genç hastalarda da ortaya çıktığını gördü. Özellikle yüksek etkili ürünleri buharlaştıran veya içenlerde, esrar kullanımına bağlı göğüs ağrısı vakalarının arttığını gözlemledi. Ve insanların esrar dumanının, diğer her şeyden çıkan dumandan farklı kurallara tabi olduğuna inanmaya devam ettiğini gördü. Her vaka onu, bu tür bir kitabın gerekli olduğu, birinci elden deneyime sahip birinin ülke genelindeki bedenlerde neler olup bittiği hakkında açık ve net bir şekilde konuşması gerektiği gerçeğine daha da yaklaştırdı.

Sonunda bu konuda yazmaya karar verdiğinde, ameliyat odasına getirdiği aynı kararlı odaklanmayla bu göreve de yaklaştı. Okuyucuların, o göğüsleri açtığında hissettiklerini hissetmelerini, akciğerlerin sessiz hikayelerini anlattığında anladıklarını anlamalarını istiyordu. Onları fiziksel olarak ameliyat odasına getiremeyeceğini biliyordu, ancak gerçeği görebilecek kadar yaklaştırabilirdi: insan vücudunun her şeyi kaydettiğini, doğallığın güvenliği garanti etmediğini ve riskleri görmezden gelmenin kimseyi sonuçlarından korumadığını.

Yirmi beş yıllık ameliyatlar, ameliyat sonrası konuşmalar ve zorlu keşifler üzerine düşünürken, öğrendiklerini paylaşma konusunda derin bir sorumluluk hissetti. Bu kitap, akciğerlerin ve atardamarların dilini insanların anlayabileceği kelimelere çevirme girişimiydi. Ona göre mesaj, yargılama veya korku değil, açıklık, farkındalık ve önleme ile ilgiliydi. Ameliyat odası ona birçok kişinin asla göremeyeceği şeyleri göstermişti ve dinlemeye istekli herkes için perdeyi aralamanın zamanı geldiğine inanıyordu.

Ameliyat ettiği akciğerler, onardığı kalpler ve konuştuğu hastalar, meslek hayatının bölümlerini oluşturmuştu. Ve bu bölümlerin her birinde, tutarlı ve inkar edilemez bir ders ortaya çıkmıştı: kaynağı ne olursa olsun, duman iz bırakıyordu. On yıllarca bu sonuçları temizlemekle uğraşmıştı. Şimdi, bu kitapla başkalarının bunlardan kaçınmasına yardımcı olmayı umuyordu.

Bölüm 3 – Duman Dumandır: Akciğerler Aslında Ne İçin Tasarlanmıştır?

Akciğerler, insan vücudundaki en zarif yapılardan biriydi her zaman; temiz hava gibi asıl tasarlanma amaçlarına uygun şekilde, şikayet etmeden çalışan, sessiz ve ritmik makinelerdi. Dr. London, hastanede geçirdiği uzun gecelerde, cerrah odasının loş ışığında hasta taramalarını incelerken, akciğerlerin sadeliği ve mükemmelliği üzerine sık sık düşünmüştü. Yıllar boyunca aynı düşünce aklından çıkmıştı: Akciğerler tek bir amaç için evrimleşmişti: gaz değişimi, oksijenin karbondioksitle değişimi; öyle verimli bir döngü ki, en ufak bir aksama bile hastalığa yol açabilirdi. Yine de insanlar, akciğerleri sanki doğadan miras alınmış değil de insanların icat ettiği gizli bir direnç taşıyormuş gibi, solumaya karar verdikleri her türlü maddeyi işleyebilen filtreler gibi ele alıyorlardı.

Kariyerinin başlarında bir grup tıp stajyeriyle yaptığı konuşmayı hatırladı. Dallanan bronşiyollerin uçlarında üzüm salkımı gibi kümelenmiş minik kesecikler olan alveollerin diyagramlarına bakıyorlardı ve o da bu yapıların ne kadar kırılgan olduğunu açıklamaya çalışmıştı. Her bir akciğer çiftinin yaklaşık 300 milyon alveol içerdiğini, her birinin tek bir kağıt yaprağından daha ince olduğunu ve daha da ince kılcal damarlarla çevrili olduğunu söylemişti. Tüm işlevlerinin bu hassas inceliği korumaya bağlı olduğunu, çünkü oksijenin ancak direnç göstermeyen dokulardan geçebileceğini açıklamıştı. Stajyerler yeni bir şey öğrenmenin verdiği türden bir hayranlıkla dinlediler, ancak o zamanlar akciğerlerin dumanla başa çıkmak için ne kadar uygunsuz olduğunu gerçekten kavrayıp kavramadıklarını merak etmişti.

Yıllar geçtikçe, tıp dünyasının dışındaki çoğu insanın akciğerlerin gerçekte olduğundan daha sağlam olduğuna inandığını öğrendi. Akciğerleri, iyi bir öksürük veya birkaç derin nefesle toksinleri atabilen sağlam keseler olarak hayal ediyorlardı. Yaygın varsayım, akciğerlerin havayı sürekli işlediği için, safsızlıkları da fazla maliyet olmadan işleyebilmeleri gerektiğiydi. Bu inanç, toplum "doğal" ürünler fikrini benimsedikçe daha da güçlendi. Esrar organik ve zararsız olarak yaygın bir şekilde kabul edildiğinde, birçok kişi bu etiketi, yakmanın ve solumanın da aynı derecede zararsız olduğu şeklinde yorumladı. Mantık, toprakta yetişen her şeyin kökeninin saflığını taşıdığı gibi görünüyordu. Ancak Dr. London, bu varsayımın fizyolojiyle çarpıştığında neler olduğunu defalarca görmüştü.

Bir keresinde bir hastasına oksijenin sadece solunmadığını, aynı zamanda o kadar ince bir zardan çözündüğünü, bu zarın kendi kendini bir arada tutabilmesinin mucizevi göründüğünü açıklamıştı. Yıllarca esrar kullanan orta yaşlı bir kadın olan hasta, kafası karışık bir sesle akciğerlerin doğal olarak kendini temizleme kapasitesine sahip olup olmadığını sormuştu. Doktor, akciğerlerin siliya adı verilen, kalıntıları yukarı doğru süpüren minik kıl benzeri yapılar yardımıyla küçük parçacıkları uzaklaştırabildiğini, ancak temizleme sistemlerinin endüstriyel bir elektrik süpürgesinden ziyade hassas bir süpürgeye daha yakın olduğunu söylemişti. Duman parçacıkları, katran damlacıkları ve yanmış organik maddeler bu sistemleri hızla altüst ediyor, yüzeylere yapışıyor ve akciğerleri temiz tutmak için milyonlarca yıldır evrimleşmiş olan nazik hareketleri bozuyordu.

Çoğu insanın anlamadığı şey, diye düşünürdü sık sık, dumanın sadece tat veya kokuyla renklendirilmiş hava olmadığıydı; yanma sonucu oluşan küçük parçacıklar, gazlar, kimyasallar ve toksinlerden oluşan karmaşık bir karışımdı. Yanma ister tütün, ister esrar, ister odun, ister tütsü, isterse organik otlardan kaynaklansın, yanma sürecinin kendisi akciğerlerin başa çıkmak üzere tasarlanmadığı maddeler oluşturuyordu. Bazen dumanı, her bir parçacığı vücudun savunmasını aşacak ve dokuya yerleşecek kadar küçük olan mikroskobik şarapnel fırtınası olarak tanımlardı. Bazı parçacıklar iltihaplanmaya neden olurken, diğerleri oksidatif strese yol açar ve birçoğu da akciğerlerden hiç çıkmazdı.

Asistanlık döneminde, düzenli olarak sigara dumanı solumuş bir hastanın akciğerlerini gösteren bir patoloji slaytını ilk kez incelediği anı hatırladı. Slaytta, akciğer dokusuna dağılmış, kurum taneleri gibi siyah birikintiler görülüyordu. Danışman doktoru bunları işaret ederek, bu birikintilerin akciğerlerde on yıllarca kalabileceğini gayet doğal bir şekilde söylemişti. Dr. London, akciğerlerin zararlı her şeyi dışarı attığını varsaymanın ne kadar safça bir düşünce olduğunu fark ederek slayta bakakalmıştı. Bu basit gözlem, yıllar boyunca anlayışını şekillendirdi: Akciğerler, insanların soludukları şeylerin tarihini biriktirir ve temizlenemeyen dokularda kaydeder.

İşlevi açık, esnek ve tıkanmamış kalmasına bağlı olan milyonlarca alveolü sık sık düşünürdü. Her alveolün oksijen transferini en üst düzeye çıkarmak için ince duvarlara ihtiyacı vardı. İltihap bu duvarları kalınlaştırırsa, değişim yavaşlardı. Katran bu yüzeyleri kaplarsa, değişim daha da zayıflardı. Kronik tahriş çevredeki dokuyu sertleştirirse, akciğerler genişlemekte zorlanırdı. Ve akciğerler zorlandığında, kalp de onlarla birlikte zorlanır, azalan oksijen tedarikini telafi etmek için daha fazla pompalardı. Sayısız ameliyat sırasında bu tür bir zorlanmayı görmüştü; kalp aşırı çalışırken, akciğerler yıllarca süren duman maruziyetinin belirgin izlerini gösteriyordu.

Esrar dumanının tehlikeleri hakkında kamuoyuna konuşurken, tıp alanında uzman olmayan kitlelerin anlamasına yardımcı olmak için bazen benzetmeler kullanmaya çalıştı. Akciğerleri, suyu emmek üzere tasarlanmış bir süngere benzetti. Birisi süngerin üzerine yağ dökerse, başlangıçta yine de suyu emer, ancak yavaş yavaş yağ gözeneklere sızar, yüzeyleri kaplar ve süngerin yapısını kalıcı olarak değiştirir. Zamanla sünger sertleşir ve amaçlandığı gibi işlev görme yeteneğini kaybeder. Duman da bu yağ gibi davranarak, akciğer dokusunun doğal yumuşaklığı ve esnekliği yerini kronik tahrişe ve sertliğe bırakana kadar kaplar ve tıkar.

Bitkinin yakılmasının binlerce kimyasal madde ürettiğini, bunların çoğunun bitkinin kökeninden bağımsız olarak zararlı olduğunu anlattığında insanların sık sık şok olduklarını fark etti. Şaşkın bir sesle esrar dumanının katran içerip içermediğini soruyorlardı ve o da tıpkı diğer tüm dumanlar gibi içerdiğini söylüyordu. Katranın tütüne özgü bir madde olmadığını, organik madde yandığında oluşan yapışkan, karbon ağırlıklı parçacıklar kategorisi olduğunu açıklıyordu. Her seferinde aynı inanmazlığı görüyordu; bu tereddüt, esrarın temiz ve saf olduğu kültürel imajından kaynaklanıyordu.

Oysa akciğerler saflığı kültürel algıya göre ayırt etmiyordu. Sadece kimyaya tepki veriyorlardı.

Bir ameliyat sırasında, bir hastanın sağ akciğerinin üst lobunda beklenmedik bir yara izi gördüğünü hatırladı. Hasta kırklı yaşlarının başındaydı ve mükemmel sağlık durumunda olduğunu iddia ediyordu. Adam daha sonra uyandığında ve Dr. London bulguları onunla görüştüğünde, hasta şaşkın bir sesle sadece esrar içmenin böyle bir hasara neden olup olamayacağını sordu. Dr. London, akciğerlerin esrar dumanına diğer herhangi bir bitkinin dumanına verdiği tepkiyle aynı şekilde tepki verdiğini söylemişti. Sıcak, partikül dolu dumanın tekrar tekrar solunmasının neden olduğu kronik tahrişin, yara izine, iltihaplanmaya ve akciğer kapasitesinin azalmasına nasıl yol açabileceğini açıklamıştı. Hasta, sanki ilk kez duyuyormuş gibi sessizce dinlemiş ve bilgiyi özümsemişti.

Dr. London'ı en çok rahatsız eden şey, akciğerlerin doğal maddelerin yakılmasından bir şekilde fayda gördüğü yanılgısıydı. İnsanlar adaçayı, otlar, kenevir ve diğer bitkileri yakarak, kökenlerinin saflığının bu eylemi zararsız hatta iyileştirici kıldığına inanıyorlardı. Ancak akciğerlere ulaşan her yanma ürünü iltihaplanmayı tetikliyordu. Önemli olan bitki değil, yanma eylemiydi. Akciğerler, belirli bir oranda oksijen ve azot içeren havayı bekleyecek şekilde evrimleşmişti ve bu beklentiden sapmalar -küçük sapmalar bile- sorunlara neden olabiliyordu.

O, evrimin insanlara olağanüstü verimliliğe sahip bir solunum sistemi bahşettiğini sık sık düşünürdü. Akciğerler saniyeler içinde tüm vücudu oksijenlendirebiliyor, beyinden ayak parmaklarına kadar her organı besleyebiliyordu. Ancak bu verimlilik beraberinde bir kırılganlık da getiriyordu. Akciğerler ince zarlar aracılığıyla kan dolaşımına doğrudan erişim sağladığı için, hava olmayan her şey vücuda kısa yoldan girebiliyordu. Bu durum, solunumu potansiyel olarak zararlı bir maruz kalma yolu haline getiriyordu ve duman, en zararlı maruz kalma türlerinden biriydi.

Kariyerinin başlarında, dumandaki bazı parçacıkların akciğerlerdeki yaşlanmayı nasıl hızlandırdığını gösteren bir araştırma okuduğunu hatırladı. Dumana maruz kalan hücreler daha hızlı parçalanıyor, esnekliklerini kaybediyor ve enfeksiyonlara ve kronik hastalıklara karşı daha duyarlı hale geliyordu. Daha sonraki çalışmalar, hem esrar hem de tütün dumanının, ince parçacıklar, uçucu organik bileşikler ve kanserojenler de dahil olmak üzere aynı zararlı kirleticilerin çoğunu taşıdığını doğruladı. Bu bilgiyi paylaştığında insanlar şaşkınlıkla tepki verdiler, sanki esrar bir şekilde yanmayı yöneten fizik yasalarından kaçmış gibiydi. Ancak bilim açıktı: yanma süreci, ne yakılırsa yakılsın zararlı maddeler üretiyordu.

Bir keresinde, stres atmak için esrar kullanan genç bir kadın, yanma içermediği için elektronik sigaranın daha güvenli olup olmadığını sordu. Adam, elektronik sigaranın yanmayı önlediğini ancak kimyasal katkı maddeleri, ultra ince parçacıklar ve akciğerleri tahriş edebilecek aşırı ısı gibi kendi risklerini de beraberinde getirdiğini açıkladı. Sakin bir sesle, akciğerlerin temiz havadan başka hiçbir maddeyi kabul etmediğini söyledi. Kadın yavaşça başını salladı ve vücudunun seçimlerinin sonuçlarını sessizce biriktirdiğinin farkına vardı.

Dr. London, insanların yedikleri konusunda dikkatli olmalarına rağmen soludukları şeylere karşı kayıtsız kalmalarını her zaman garip bulmuştu. Etiketleri okurlar, yapay içeriklerden kaçınırlar ve temiz veya doğal olarak pazarlanan diyetleri uygularlar, ancak solunum sistemlerine yüklediği yükü düşünmeden dumanı solurlar. Dumanın hiçbir besin değeri, faydası veya avantajı yoktu; sadece zararı vardı. Akciğerlerin, işlemek üzere tasarlanmadıkları maddelere maruz kalmaları nedeniyle çöktüğünü, sertleştiğini, yara izi oluştuğunu ve tıkandığını gözlemlemişti.

Hastanede, doğrudan sonuçları gözlemledi. On yıllarca her türlü dumanı soluduktan sonra nefes almakta zorlanan hastaları gördü. Esrarın zararsız olduğunu varsayan gençlerin kronik öksürük, azalmış akciğer kapasitesi ve solunum yolu hasarının erken belirtileriyle hastaneye geldiğini gördü. Esrar kullanımının tıbbi amaçlı olduğuna inanan yaşlı yetişkinlerin, uzun süreli sigara içenlerin solunum sorunlarını taklit eden solunum komplikasyonları geliştirdiğini gördü. Her vakada, akciğerler aynı hikayeyi anlatıyordu: asla dayanacak şekilde tasarlanmadıkları bir şey tarafından aşırı yüklenmiş, tahriş olmuş ve zayıflamışlardı.

Kitabı yazmaya devam ederken, akciğerlere ve onların hassas yapısına duyduğu saygıyı kelimelere dökmeye çalıştı. Okuyucuların gördüklerini tıbbi terminoloji merceğinden değil, akciğerlerin tek bir şeyi olağanüstü iyi yapmak üzere tasarlandığı ve onlara duman girmesinin bu tasarımı tamamen baltaladığı gerçeğiyle anlamalarını istedi. İşlevlerindeki güzelliği ve doğanın öngördüğünden daha fazlasını kaldırabileceklerini varsaymanın tehlikesini görmelerini istedi.

İletmek istediği temel mesaj açıktı: Akciğerler nefes alma araçlarıydı, yanma filtreleri değil. Şaşırtıcı bir hassasiyetle vücuda oksijen getirmek için evrimleşmişlerdi, herhangi bir dumanın yükünü taşımak için değil. Organik dumanın güvenli olduğu, bitkisel dumanın iyileştirici olduğu veya esrar dumanının bir şekilde sonuçlardan muaf olduğu yanılgısı çok uzun zamandır devam ediyordu. Okuyucular temel fizyolojiyi – kırılganlığı, amacı, sınırlamaları – anladıklarında, bu inançların ne kadar gerçekçi olmadığını göreceklerine inanıyordu.

Yirmi beş yıllık deneyiminde, insan vücudunun net ve sarsılmaz bir dil konuştuğunu öğrenmişti. Özellikle akciğerler, durumları aracılığıyla iletişim kuruyordu. İltihabı, hasarı, hastalığı ve iyileşmeyi aynı dürüstlükle ortaya koyuyorlardı. İnsanlar kendilerine yalan söyleseler bile, akciğerler yalan söylemiyordu. Ve Dr. London için bu gerçek, yazdığı her şeyin temelini oluşturuyordu: Akciğerler oksijen için tasarlanmıştı ve duman içeri girdiği anda yükleri başlıyordu.

Bölüm 4 – Esrarın Kardiyovasküler Yükü: Araştırmalar Ne Gösteriyor?

Esrar ve insan kalbi arasındaki ilişki yeni bir hikaye değil, ancak kültürel kutlamalar, değişen yasal ortamlar ve zararsızlık havası altında sıklıkla göz ardı edilen bir hikaye. On yıllardır esrar, bir kaçış, bir rahatlatıcı, huzursuz zihin için bir merhem olarak görülüyor. Ancak vücudun içinde—kalbin sarsılmaz bir görevle attığı yerde—daha sessiz bir anlatı ortaya çıkıyor; bu anlatı, görüşlerle değil, stresin, talebin ve kırılganlığın biyolojisiyle yönlendiriliyor. Araştırmacılar esrarın kardiyovasküler etkilerini haritalamaya başladıklarında, kalbe yönelik daha geleneksel stres faktörleri hakkında uzun zamandır bilinenleri yansıtan bir model keşfettiler. Hikaye ince ama kalıcıydı: Esrar, kardiyovasküler sistemi, diğer iyi bilinen risk faktörlerinde görülen kalp zorlanmasının erken aşamalarını yansıtan şekillerde zorluyor.

THC kan dolaşımına girdiği anda, vücut bir dizi tahmin edilebilir tepkiyle karşılık verir. Çoğu kullanıcı bir sakinlik dalgası veya gerginliğin azalması olarak tanımlar, ancak bu hoş hissin altında adrenalin ve sempatik sinir sistemi aktivitesi yükselir. Kalp atış hızı hızlanmaya başlar. Kan damarları hafif bir daralmaya hazırlanır ve kalp, aniden daha fazla çalışarak bu hızlanmış ritme ayak uydurmak için daha fazla oksijen talep eder. Bu fenomeni kontrollü ortamlarda ilk kez gözlemleyen araştırmacılar, bunun ne kadar tutarlı bir şekilde ortaya çıktığını kaydettiler. Sanki vücut, sakinleştirici değil de uyarıcı bir maddeyle karşı karşıya olduğuna ikna olmuş gibi, rahatlama yerine alarma geçerek tepki veriyordu.

İlk laboratuvar çalışmalarından birinde, önceden kalp rahatsızlığı olmayan genç yetişkinler, kontrollü THC konsantrasyonlarına sahip esrar tükettikten sonra izlendi. Sensörler, dakikalar içinde yükselen ve yavaşça normale dönmeden önce yaklaşık yarım saat boyunca yüksek kalan kalp atış hızındaki artışları takip etti. Katılımcılar, rahatlık veya öfori hislerini tarif ederken yumuşak bir sesle konuştular, ancak bedenleri farklı bir hikaye anlatıyordu. Kalp daha sert çalışıyor, daha hızlı atıyor ve katılımcıların rahat yüz ifadelerinin ortaya koymadığı bir hızda oksijen talep ediyordu. Araştırmacılar, bu yüksek kalp atış hızının (taşikardi) hafif bir yükseliş olmadığını kaydetti. Birçok durumda, temel hızı ikiye katlayarak, kişinin hareketsiz oturmasına rağmen kalbin sanki yoğun bir şekilde egzersiz yapıyormuş gibi davrandığı geçici bir durum yarattı.

Kalp atış hızındaki bu artış önemsiz bir ayrıntı değildir. Kalbin oksijen ihtiyacı her atışla orantılı olarak artar. Sağlıklı bir kişide, koroner damarlar genişleyerek artan iş yüküne karşılık olarak daha fazla oksijen açısından zengin kan sağlar. Ancak esrar bu ayarlamanın sorunsuz bir şekilde gerçekleşmesine izin vermez. Bunun yerine, THC ve diğer duman bileşenleri kan damarlarının tonunu etkileyerek onları genişleme yerine daralmaya doğru iter. Koroner arterler hafifçe daralır ve kanın akış kolaylığını azaltır. Sonuç bir uyumsuzluktur: kalp daha fazla oksijen ister, ancak damarlar daha az oksijen sağlar. Bu dengesizlik, doktorların anjina geçiren veya kalp krizi riski taşıyan kişilerde gördüğü stres türünün aynısını yaratır.

Kalp atış hızı ve damar daralmasının ötesinde, THC, kan damarlarının endotel tabakasıyla etkileşime girer; bu hassas iç yüzey, pıhtılaşmayı, iltihabı ve damar esnekliğini düzenler. Bu tabaka, toksinlere, stres hormonlarına ve iltihap tetikleyicilerine karşı oldukça hassastır. Esrar söz konusu olduğunda, hem duman kaynaklı toksinler hem de THC, normal endotel fonksiyonunu bozar. İn vitro olarak endotel hücrelerini inceleyen çalışmalar, esrar dumanı özütlerine maruz kaldıktan sonra, hücrelerin tütün dumanına maruz kaldığında görülen tepkiye benzer şekilde, iltihap belirteçlerinde bir artış kaydetti. Hücreler, gevşemiş ve sağlıklı damarların korunması için gerekli bir molekül olan nitrik oksidi düzenleme yeteneğinde bozulma gösterdi. Yeterli nitrik oksit olmadan, damarlar sertleşir, reaktif hale gelir ve daralmaya yatkınlaşır.

Gerçek dünya koşullarında, bu endotel disfonksiyonu kardiyovasküler yükü önemli ölçüde artırır. Kan damarları doğal tepki verme yeteneklerinin bir kısmını kaybeder ve bu da kalbin iş yükündeki ani artışlara uyum sağlamalarını zorlaştırır. Zamanla, bu stres ortamına tekrar tekrar maruz kalmak iltihaplanmayı tetikler ve yavaş, kalıcı, fark edilmeyen iltihaplanma, plak birikimine, damar hasarına ve nihayetinde kardiyovasküler hastalığa yol açar.

Esrar kullanımının giderek normalleştiği popülasyonlarda hastane yatışlarını, acil servis ziyaretlerini ve kardiyovasküler olayları izleyen büyük epidemiyolojik çalışmalardan özellikle dikkat çekici bir araştırma alanı ortaya çıktı. Bu çalışmalar doğrudan bir neden-sonuç ilişkisi iddiasında bulunmasa da, tutarlı bir şekilde kalıplar gözlemlediler. Daha önce kalp sorunları açısından düşük riskli kabul edilen genç yetişkinler, esrar kullanımından sonra ani göğüs ağrısı, aritmiler ve nadir ancak endişe verici vakalarda kalp krizi bildirmeye başladılar. Bu vakalarla ilgilenen sağlık ekipleri, hastaların esrarı zararsız, doğal bir şey, tütün veya alkol gibi maddelerle ilişkili tehlikelerden arınmış bir bitki olarak gördüklerini sık sık anlattılar. Ancak biyolojik gerçeklik farklı bir gerçeği ortaya koyuyordu; koroner stres ve inflamatuar reaksiyonlar arka planda sessizce gelişiyordu.

Hayvanlar üzerinde yapılan çalışmalar daha fazla açıklık sağladı. Araştırmacılar, THC'nin sadece kalbe kan sağlayan damarlarla değil, kalp kasıyla da nasıl etkileşimde bulunduğunu gözlemledi. Düzenli dozlarda THC'ye maruz kalan kemirgen modellerinde, kalbin kasılma gücünde ince ama ölçülebilir değişiklikler görüldü. Bazılarında, serbest radikallerin vücudun antioksidan savunmasını aştığı biyokimyasal bir dengesizlik olan oksidatif stresin erken belirtileri görüldü. Oksidatif stres, kalp fonksiyonunu bozan bilinen bir etkendir. Zamanla kası zayıflatır, yapısal değişikliklere neden olur ve kalp ritmi anormalliklerine zemin hazırlar.

Oksidatif stres, kalp hücrelerinin enerji santralleri olan mitokondrileri de etkiler. Mitokondriler işlevini yitirdiğinde, her kalp atışı için gereken enerji miktarı azalır. Esrar maruziyeti olan modellerde, tekrarlanan maruziyetten sonra mitokondriyal verimliliğin azaldığı görüldü. Yüksek kalp atış hızı ve damar daralması nedeniyle daha sert atmaya zorlanan kalp, paradoksal olarak azalmış bir enerji kaynağıyla karşı karşıya kaldı. Bu kombinasyon kısa vadede felaket değildi, ancak gerilim kademeli olarak arttı ve hipertansiyon ve sigara içme gibi yaşam tarzıyla ilgili durumlarda görülen kardiyak stresin erken aşamalarını taklit etti.

İnsan otopsi raporları anlatıya başka bir boyut daha ekledi. Nadir olmakla birlikte, tek tespit edilen maddenin esrar olduğu ani kalp ölümü vakaları belgelenmiştir. Bu olaylar kesin kanıt olmasa da, araştırmacıları aritmilerin rolünü sorgulamaya itti. THC, kalbin elektriksel iletim sistemini değiştirerek düzensiz ritimlere yatkınlığı artırabilir. Bazı çalışmalar, THC maruziyetinden sonra QT aralığında (kalbin elektriksel döngüsüyle ilgili bir ölçüm) değişiklikler tespit etti. Uzamış bir QT aralığı, özellikle yüksek kalp atış hızı dönemlerinde, bireyleri tehlikeli aritmilere yatkın hale getirebilir. Bu ince ama etkili etkileşim, esrarın kalbin elektriksel stabilitesini kullanıcıların hiç beklemediği şekillerde nasıl tehlikeye atabileceğini gösterdi.

Hatta keyif amaçlı sigara içme alışkanlıkları bile kardiyovasküler strese katkıda bulunur. Birçok kullanıcı, THC emilimini en üst düzeye çıkarmak için derin nefes alır ve nefesini tutar. Tıbbi olarak Valsalva yanıtı olarak bilinen bu nefes tutma manevrası, kalbe ve beyne giden kan akışını geçici olarak azaltır. Nefes verildiğinde, kan basıncı yükselir. Kalp, basınç ve oksijen tedarikindeki dalgalanmalarla başa çıkmak için hızlı bir ayarlama döngüsüne girer. Zamanla, bu dalgalanmalar, araştırmacıların kronik kardiyovasküler risk faktörlerine maruz kalan bireylerde gözlemlediği tekrarlanan mikro streslere benzer.

Esrarın kardiyovasküler yükünün bir diğer boyutu da önceden var olan rahatsızlıklarla etkileşimidir. Çeşitli klinik gözlemlerde, hipertansiyon, diyabet, yüksek kolesterol veya genetik yatkınlığı olan bireylerin esrar kullanırken orantısız derecede daha yüksek risklerle karşı karşıya kaldıkları gösterilmiştir. Zaten devam eden stres ve bozulmuş damar sağlığıyla başa çıkmaya çalışan kalpleri, THC'nin akut etkilerine daha güçlü tepki vermiştir. Sağlıklı genç bir yetişkin için artan kalp hızı tolere edilebilir olabilir. Zaten dar damarları veya bozulmuş kan akışı olan biri için aynı artış onları tehlikeli bir bölgeye itebilir. Kardiyologlar, esrarın yönetilebilir kronik rahatsızlıkları akut acil durumlara dönüştüren bir dönüm noktası görevi gördüğü vakaları tanımlamışlardır.

Dahası, modern esrar ürünleri pazarı bu riskleri daha da artırdı. Günümüzdeki esrar türlerindeki THC konsantrasyonları, önceki on yıllarda gözlemlenenlerden önemli ölçüde daha yüksektir. Yenilebilir ürünler, yağlar ve konsantreler genellikle geleneksel sigara içmenin çok ötesinde dozlar sunar. Daha yüksek THC seviyeleri fizyolojik reaksiyonları artırır: kalp atış hızında daha güçlü artışlar, daha derin damar daralması ve daha belirgin iltihaplanma. Acil servisler, yenilebilir ürünler tüketen hastaların sıklıkla etkilerini hafife aldığını ve bunun da aşırı kaygı, çarpıntı, göğüs ağrısı ve hızlı kalp atışı nöbetlerine yol açtığını bildirdi. Yenilebilir ürünlerin etkisinin gecikmeli başlaması, kullanıcıların bazen erken dönemde ek dozlar tüketmesine ve etkiler nihayet ortaya çıktığında daha da artan kardiyovasküler zorlanma yaşamasına neden oldu.

Solunum yöntemi de önemlidir. Yakılarak, buharlaştırılarak veya ısıtılarak tüketilen esrar, akciğerlerden kan dolaşımına geçen bir kimyasal karışımı açığa çıkarır. Yanma yoluyla oluşan duman, endotel tabakasına doğrudan zarar veren karbonmonoksit, katran ve partikül madde içerir. Daha önce daha güvenli bir alternatif olarak düşünülen buharlaştırılmış yağlar, aerosol haline getirilmiş çözücülerin neden olduğu iltihaplanma da dahil olmak üzere kendine özgü bir dizi kardiyovasküler komplikasyona yol açmıştır. Buharlaştırılmış aerosollere maruz kalan endotel hücrelerini inceleyen araştırmalar, duman maruziyetinde görülenlere benzer nitrik oksit üretiminde bozulmalar ortaya koymuş ve kardiyovasküler riskin geleneksel sigara içme yöntemleriyle sınırlı olmadığını göstermiştir.

Esrarın, özellikle kronik kullanımının tetiklediği iltihaplanma, kardiyovasküler yükün bir diğer önemli nedenidir. İltihaplanma her zaman yüksek sesli veya dramatik değildir. Yüzeyin altında kaynayarak, vücudu uzun vadeli kırılganlığa doğru iten ince bir süreç olabilir. Sistemik iltihaplanmanın bir göstergesi olan C-reaktif proteinin (CRP), bazı düzenli esrar kullanıcılarında yüksek olduğu bulunmuştur. Yüksek CRP seviyeleri, kardiyovasküler hastalık riskiyle güçlü bir şekilde ilişkilidir. THC ve dumanın neden olduğu damar hasarıyla birleştiğinde, bu düşük dereceli iltihaplanma, plak birikimine, damar sertleşmesine ve nihayetinde koroner arter hastalığına yol açan bir öncü haline gelir.

Bir diğer araştırma konusu ise esrarın trombositlerle (kan pıhtılaşmasından sorumlu kan bileşenleri) etkileşimini inceledi. THC'nin trombosit aktivasyonunu etkilediği ve bunların kümelenme eğilimini artırdığı görülüyor. Bu etki, mütevazı olsa da, damar daralması ve iltihaplanma ile birleştiğinde sorunlu hale geliyor. İltihaplı, işlevsiz endotel hücreleriyle kaplı daralmış bir damar, trombositler aşırı aktif hale geldiğinde tıkanmaya çok daha yatkın hale geliyor. Esrar kullanımından sonra felç geçiren genç yetişkinlerle ilgili bazı vaka raporları bu biyokimyasal etkileşimi vurguladı. Nadir olmakla birlikte, bu olaylar, hassas bireylerde pıhtılaşma anormalliklerinin potansiyelini ortaya koydu.

Çalışmalar genelinde gözlemlenen tutarlı kalıplara rağmen, esrarın zararsız veya düşük riskli bir madde olarak ünü devam etmektedir. Bu kopukluğun bir kısmı, vücutta nasıl hissettirdiği ile nasıl davrandığı arasındaki zıtlıktan kaynaklanmaktadır. Kullanıcılar genellikle rahatlama, sakinlik ve zihinsel huzurdan bahsederler; bu hisler kardiyovasküler zorlanmayla bağdaşmaz görünmektedir. Bu uyumsuzluk bir güvenlik yanılsaması yaratır. Rahatlatıcı hissettiren bir şeyin zararlı olamayacağı inancını teşvik eder. Oysa kalp algıya değil, kimyaya tepki verir. THC ve duman bileşenleri, kullanıcının öforik veya rahatlamış hissetmesinden bağımsız olarak devam eden fizyolojik reaksiyonları başlatır.

Esrarın giderek daha fazla yasallaşması ve toplumsal olarak kabul görmesiyle, algı ile biyolojik gerçeklik arasındaki uçurum genişliyor. Kamuoyu tartışmaları, terapötik kullanımları, kültürel özgürlüğü ve kişisel tercihi kutluyor. Kalbin bakış açısına değinen çok az tartışma var. Kardiyologlar genellikle tehlikenin çoğu kullanıcı için dramatik veya ani olmadığını açıklıyor. Bunun yerine, birikimseldir; stres tepkilerinin, iltihaplanmanın, damar hasarının ve elektriksel duyarlılığın yavaş yavaş birikmesidir. Bu birikim, geleneksel olarak yaşlanma veya kronik yaşam tarzı faktörleriyle ilişkilendirilen kardiyovasküler hastalıkların erken aşamalarını yansıtır. Fark zamanlamadadır. Esrarla birlikte, bu değişiklikler daha erken başlayabilir; bu, on yıllarca süren alışkanlıklardan değil, yaygın olarak zararsız olduğuna inanılan bir maddeye tekrar tekrar maruz kalmaktan etkilenir.

Bu bulguların hiçbiri esrarın kardiyovasküler sistem için evrensel olarak felaket olduğunu öne sürmüyor. Bunun yerine, insan kalbinin karmaşıklığını ve hassas dengesini bozan herhangi bir etkene karşı savunmasızlığını kabul eden daha incelikli bir tablo çiziyorlar. Araştırmalar yoluyla ortaya çıkan hikaye, alarm verici değil, netlik kazandıran bir hikaye. Kalp, dar bir güvenlik sınırı içinde çalışır. Bu sınırlar, yüksek kalp atış hızı, artan oksijen ihtiyacı, damar daralması, bozulmuş endotel fonksiyonu ve kronik iltihaplanma ile tekrar tekrar zorlandığında, uzun vadeli sonuçlar daha olası hale gelir.

Araştırmaların sürekli olarak gösterdiği şey, esrarın önemli yönlerden diğer kardiyovasküler stres faktörlerine benzediğidir. Uyarıcılar gibi kalp atış hızını artırır, nikotin gibi damarları daraltır, kirlilik gibi endotel fonksiyonunu bozar, kronik stres gibi iltihabı tetikler ve bazı metabolik bozukluklar gibi pıhtılaşma yollarını etkiler. Bu risk faktörlerinden herhangi biriyle aynı değildir, ancak onlara benzer özellikler göstererek, aksi takdirde gizli kalabilecek hassasiyetleri artırır.

Esrarın kardiyovasküler sistem üzerindeki yükünü anlamak, yargılamak veya yasaklamakla ilgili değildir. Farkındalıkla ilgilidir. Kalbin, dayanıklı olmasına rağmen, kimyasallara hassas ve dürüst bir şekilde tepki verdiğini kabul etmekle ilgilidir. Hoş hislerin ötesine bakmak ve onlara eşlik eden biyolojik gerçekliği kabul etmekle ilgilidir. Araştırmalar esrarı doğrudan kınamaz, ancak yaşamı adım adım sürdürmekten sorumlu sisteme getirdiği yükü aydınlatır. Ve bu aydınlatmada, okuyuculara bilinçli kararlar alma fırsatı sunulur; bu kararlar kültürel anlatılarla değil, bilimsel gerçeklerle şekillenir.

Bölüm 5 – 1,3 ila 2 Kat Daha Yüksek Kalp Krizi Riski: Rakamları Anlamak

Sayılar, kamuoyu ne yapacağını bilmeden çok önce, araştırma makalelerinde sessizce ortaya çıkmaya başladı. İlk başta küçüktüler; klinik jargon ve yoğun istatistiksel tablolar arasına sıkıştırılmış kesirler, ondalık sayılar, risk oranlarıydı. Ancak çalışma üstüne çalışma derlendikçe, hastane kayıtları incelendikçe ve hasta öyküleri yeniden ele alındıkça, çarpıcı bir tutarlılıkla bir örüntü ortaya çıktı. Esrar kullananlar sadece geçici bir kalp atış hızı artışı veya geçici bir damar zorlanmasıyla karşı karşıya değillerdi. Daha önemli, ölçülebilir bir şeyle karşı karşıyaydılar. Kullanıcılar, kullanmayanlara kıyasla kalp krizi ve koroner arter hastalığı riskinin 1,3 ila 2 kat daha yüksek olduğunu gösterdi. Dr. London'ın halk sağlığı konferansında sakin ve nesnel bir tonda yaptığı açıklama, tam da basit olduğu için ağırlık kazanmıştı. "Risk 1,3 ila 2 kat artıyor" demişti. Dramatik bir şey yoktu. Belirsiz uyarılar yoktu. Sadece tekrarlanan, doğrulanabilir gözlemlere dayanan sayılar.

Bu rakamlar sıradan bir şekilde duyulduğunda, eğitimsiz bir kulağa zararsız gelir. Nadir veya uzak görünen bir şeyin ikiye katlanması, anında korku uyandırmaz. İnsanlar oranları duyar, hayatları değil. İstatistikleri duyarlar, eşiğin ötesinde çalışan bir kalbin atışını değil. Yine de her rakam bir hikaye anlatır ve bu hikayeler muayene odalarında, acil servislerde ve belirtilerin görmezden gelindiği evlerde ortaya çıkar. 1,0'dan 1,3'e yükseliş mütevazı görünüyor - sadece %30'luk bir artış. Ancak kardiyologlar için bu değişim, öngörülebilir istikrar ile beklenmedik kriz arasındaki farktır. Ve 2 kat risk, ikiye katlanma, yönetilebilir bir manzarayı tuzak telleriyle dolu bir alana dönüştüren türden bir değişimdir.

Görünüşte küçük olan bu risk aralığının ciddiyetini anlamak için, diğer yaygın kardiyovasküler risklerin tarihçesini anlamak gerekir. Yüksek tansiyon, sürekli basınç yoluyla atardamarlara zarar vermesiyle iyi bilinir. Kontrol altına alınmadığında kalp krizi riskini yaklaşık iki kat artırır. Yüksek kolesterol de benzer oranlarda riski artırır, özellikle LDL parçacıkları damar duvarlarına sızıp plak oluşturduğunda. Sigara içmek, yaşam boyu maruz kalmaya bağlı olarak kalp krizi riskini iki ila dört kat artırır. On yıllarca bu rakamlar doktorların kalp hastalığının resmini çizmesine yardımcı oldu: kümülatif, tahmin edilebilir ve önlenebilirdi. Ancak esrar daha yaygın tüketilmeye başlandıkça, modele yeni bir değişken girdi ve rakamları vasküler riskin devlerinin yanında yer almaya başladı.

Araştırmacılar, bu ilişkiyi ilk olarak, geleneksel kalp sorunlarından on yıllarca uzakta olan genç yetişkinlerin göğüs ağrısı, aritmi ve nadir ancak son derece endişe verici vakalarda miyokard enfarktüsü ile acil servislere başvurmaya başlamasıyla fark ettiler. Doktorlar, bu bireylerin tipik risk profillerine sahip olmaması karşısında şaşkına döndüler. Kan basınçları genellikle normaldi. Kolesterolleri düşüktü. Aile geçmişleri temizdi. Bunlar maraton koşan, ağırlık kaldıran veya gençliğin kaygısız özgüveniyle yaşayan insanlardı. Birçoğunu birbirine bağlayan şey, ara sıra değil, alışkanlık haline gelmiş, boş zamanlarına, başa çıkma mekanizmalarına veya günlük ritüellerine işlemiş esrar kullanımıydı. Dr. London ve meslektaşları sayıları daha yakından incelediklerinde, bu örüntünün göz ardı edilemeyecek kadar tutarlı olduğunu gördüler.

Bir kardiyoloji ekibi, akut koroner sendromlar nedeniyle hastaneye yatırılan kırk yaş altı hastaların profillerini inceledi. Sayılar hemen dikkat çekti. Orantısız sayıda hasta, olaydan önceki saatlerde esrar kullanmıştı. Toksikoloji testleri, hasta görüşmeleri ve tanık ifadeleri de aynı tabloyu ortaya koydu. Göğüs sıkışması, genellikle sigara içtikten veya yüksek THC içeren konsantreler kullandıktan sonra aniden ortaya çıkmıştı. Çalışmadaki bir hasta, ağrıyı "kaburgaların altına bir taş konulmuş gibi ağır bir baskı" olarak tanımladı. Bir diğeri ise, başlangıçta bunun esrarın tetiklediği kaygı olduğunu düşünerek önemsemediğini belirtti. Acil servis doktorları daha sonra, bu kişilerin kafaları karışık, korkmuş ve onları rahatlatması gereken bir şeyin kalplerini nasıl alt üst edebileceği fikrini kabullenemez halde geldiklerini anlatacaklardı.

Bu hikayelerin ardından rakamlar geldi. Veriler, esrar kullanımından sonraki ilk saat içinde kalp krizi riskinin neredeyse beş kat arttığını, ancak uzun vadeli kronik riskin günümüzde yaygın olarak belirtilen 1,3 ila 2 kat aralığına yerleştiğini gösterdi. Akut artış, kalp atış hızındaki ani artış, damar daralması ve oksijen ihtiyacından kaynaklanıyordu. Ancak kronik artış—1,3 ila 2 kat risk—tekrarlanan stresten kaynaklanıyordu; tıpkı her geçen kamyonla bir köprüde küçük çatlakların birikmesi gibi.

Dr. London rakamları açıklarken, riskleri daha kolay anlaşılır hale getiren karşılaştırmalar kullandı. Bir keresinde bir dinleyici kitlesine, normal risk düzeyine sahip elli bin kişinin düzenli olarak esrar kullanması durumunda, bu kullanıma bağlı kalp krizi sayısının belirgin şekilde artacağını açıklamıştı. Bu bir salgın olmazdı, ancak inkar edilemez olurdu. Risk artışının tek başına gerçekleşmediğini de belirtti. Zaten yüksek tansiyonu olan birine esrar eklemek, genel riskini katlanarak artırırdı. Rakamlar sadece üst üste yığılmazdı, iç içe geçerdi.

Sınırda hipertansiyonu olan genç bir adamı düşünün. Damarları zaten hafif bir gerilim altındaydı. Esrar eklenince, damar daralması aniden derinleşir, kalp atış hızı artar ve iltihap belirteçleri yükselir. Zaten tehlikeye doğru giden risk profili birden yükselir. Yönetilebilir bir durum yerine, on yıl daha yaşlı, ek yükler taşıyan birinin riskine benzer bir riskle karşı karşıya kalır. Yüksek kolesterolü olanlarda da benzer bir durum ortaya çıkar. THC ve duman kaynaklı endotel disfonksiyonu damar esnekliğini bozar. LDL parçacıkları iltihaplı damar duvarlarına daha kolay nüfuz eder. Zamanla plak daha hızlı oluşur ve daralma artık göz ardı edilemeyecek hale gelene kadar damarları sessizce daraltır.

Bu rakamların en şaşırtıcı yönü, genç yetişkinler üzerindeki etkisidir. Yıllarca kalp krizlerinin orta yaşlı ve yaşlıların sorunu olduğuna inanılıyordu. Ancak esrar çalışmalarıyla elde edilen veriler, bu düşüncenin yeniden gözden geçirilmesini zorunlu kıldı. Genç yetişkinler de damar fiziğine karşı bağışıklığa sahip değiller. Damarları daha esnek, metabolizmaları daha hızlı ve iyileşmeleri daha güçlü olabilir, ancak daralma, oksijen ihtiyacı ve endotel hasarının biyolojisi ayrım yapmaz. Esrar yüksek dozda tüketildiğinde, özellikle buharlaştırma veya konsantre buharlaştırma ile birlikte kullanıldığında, kardiyovasküler sisteme uygulanan akut stres önemsiz değildir. Bu, kalp için beklenmedik, hazırlıksız ve faydasız bir sprinttir.

Bir gözlemsel incelemede, acil tıp doktorları, güçlü bir esrar türü içtikten sonra yere yığılan yirmi yedi yaşındaki bir adamın vakasını ayrıntılı olarak anlattılar. Daha önce herhangi bir hastalığı, ailesinde kalp hastalığı öyküsü veya şüphe uyandıracak yaşam tarzı alışkanlıkları yoktu. Koroner anjiyogramı, koroner arterde ani ve şiddetli bir daralma olan bir spazmı ortaya çıkardı. Bu tür spazmlar uyarıcılara veya aşırı strese yanıt olarak ortaya çıkabilir, ancak burada esrar dumanı soluduktan sonra meydana geldi. Kardiyoloji ekibi daha sonra, damarın bir tehdide yanıt veriyormuş gibi davrandığını, kan akışı neredeyse durana kadar daraldığını açıkladı. Hayatta kaldı, ancak vakası, Dr. London'ın nihai açıklamasını şekillendiren kanıt havuzunun bir parçası oldu. Önemli olan sadece uzun vadeli risk değil, aynı zamanda akut kırılganlıktır.

Bu rakamları anlamak, temel riski de anlamayı gerektirir. Sağlıklı bir bireyin kalp krizi geçirme olasılığı mutlak olarak düşük olabilir. Bu olasılık yılda on binde bir ise, riski ikiye katlamak onu on binde ikiye çıkarır; bu görünüşte küçük bir değişikliktir. Ancak popülasyonlar sayılardan oluşmaz; farklı kırılganlıklara sahip bireylerden oluşur. Bir kişinin başka bir risk faktörü bile varsa (aile öyküsü, hafif hipertansiyon, ara sıra sigara içme gibi), riskini ikiye katlamak gidişatını değiştirebilir. Kardiyovasküler hastalık birdenbire ortaya çıkmaz. Birikir. Sinsice ilerler. Zararsız gibi görünen küçük artışlardan oluşur ve sonunda krize dönüşür.

Kalp rahatsızlığı olan kişiler için bu rakamlar daha da önem kazanıyor. 1,3 ila 2 kat artış, aksi halde sağlıklı bireyler için de geçerli. Daha önce kalp krizi geçirmiş veya belgelenmiş koroner arter hastalığı olan kişilerde ise esrar riski daha da artırabilir. Bunun nedeni kısmen, hastalıklı damarların kalp atış hızındaki veya oksijen ihtiyacındaki ani artışları telafi edememesidir. %50 kapasiteyle çalışan daralmış bir arter, dinlenme halindeyken yeterli oksijen sağlayabilir, ancak kalp atış hızı yükseldiğinde yetersizliği belirginleşir. Bu zorlanma, stabil bir plağın yırtılmasına ve kalp krizine yol açan zincirleme reaksiyona neden olabilir.

Esrarın psikolojik algısı durumu daha da karmaşıklaştırıyor. Birçok kişi, "doğal" olduğu için zararsız olması gerektiğine inanıyor. Bir kardiyolog bir seminerde, koroner vazospazmı olan en genç hastalarından birinin "sadece doğal maddeler kullandığını" ısrarla söylediğini belirtmişti. Doktor, olabildiğince nazik bir şekilde, doğal olmanın güvenli anlamına gelmediğini açıklamıştı. Baldıran otu doğaldır. Tütün yaprakları doğaldır. Doğa, anlaşılmadan tüketildiğinde insan vücuduna zarar verebilecek birçok güçlü kimyasal madde üretir. Esrar, tüm terapötik potansiyeli ve kültürel önemiyle birlikte, kardiyovasküler sistemle somut, fizyolojik olarak zorlayıcı şekillerde etkileşime girer.

Daha fazla çalışma ortaya çıktıkça, sayılar iyileştirildi ancak asla çelişmedi. Meta-analizler, binlerce katılımcıdan elde edilen verileri bir araya getirdi ve benzer risk oranlarına ulaştı. Kanada'da yapılan bir çalışma, esrar kullanan genç yetişkinlerde kardiyovasküler olaylarda 1,6 kat artış olduğunu bildirdi. Amerikan verilerinden oluşan bir çalışma, düzenli kullanıcıların risklerinin kullanmayanlara göre neredeyse iki kat daha fazla olduğunu gösterdi. Avrupa raporları da bulguları tekrarladı. Bu çalışmaların coğrafi çeşitliliği, eğilimin tek bir bölgeye, nüfusa veya yaşam tarzına bağlı olmadığını gösterdi. Fizyolojiye bağlıydı.

Ancak, giderek artan kanıtlara rağmen, kamuoyu algısı geride kaldı. Riskler yüksek tansiyon veya yüksek kolesterol riskleriyle karşılaştırıldığında, birçok insan esrarın etkilerinin sürekli değil aralıklı olması nedeniyle bunları daha az ciddi olarak değerlendirdi. Ancak bu karşılaştırma, akut stresin kronik kırılganlıkla nasıl etkileşimde bulunduğunu göz ardı ediyor. Yüksek tansiyon, yıllar içinde damarları zayıflatan yavaş ve istikrarlı bir güçtür. Esrar ise ani darbeler serisidir; kısa süreli ama güçlü. Risk rakamları her iki gerçeği de yansıtıyor. Yüksek tansiyonu olan bir kişi, yıllarca süren basınca bağlı hasarla karşı karşıya kalır. Esrar kullanan bir kişi ise kalbin hızla zorlandığı akut dönemlerle karşı karşıya kalır. Her iki faktör birlikte mevcut olduğunda, tehlike artar; çünkü her biri tek başına felaket değildir, ancak mekanizmaları birleşir.

Yaşa özgü veriler, riskin ciddiyetini daha da pekiştirdi. Kardiyovasküler sistemleri hala gelişmekte olan ergenler ve genç yetişkinlerin, esrarın akut etkilerine karşı özellikle savunmasız oldukları bulundu. Kalp atış hızını ve damar tepkisini düzenlemekten sorumlu olan otonom sinir sistemleri, THC'ye güçlü bir şekilde tepki veriyor. Kalp atış hızındaki artış genellikle daha belirgin oluyor. Damarları daha keskin bir şekilde daralıyor. İltihaplanma tepkileri daha reaktif oluyor. Mutlak kalp krizi riskleri yaşlı yetişkinlere göre daha düşük olsa da, esrarın neden olduğu göreceli artış önemli. Genç bir yetişkinde riskin iki katına çıkması, hemen olaylara yol açmayabilir, ancak aksi takdirde yaşamın ilerleyen dönemlerine kadar başlamayacak olan vasküler değişiklikler için daha erken bir zemin hazırlar.

Daha da önemlisi, koroner arter kalsiyumunu (gelişen plak oluşumunun bir göstergesi) değerlendiren uzun vadeli çalışmalar oldu. Bazı veri setlerinde, esrar kullanıcılarında yaşlarına göre beklenenden daha erken dönemde daha yüksek kalsiyum değerleri görüldü. Dramatik bir artış olmasa da, tekrarlanan kardiyovasküler zorlanmanın, tipik olarak yavaş ilerleyen bir süreci hızlandırdığını düşündürmeye yetecek kadar yüksekti. Bu erken belirteçler semptomlara neden olmaz, ancak on yıllar sonraki sonuçları tahmin ederler. Gelecekteki riskin sessiz fısıltılarıdırlar.

1,3 ila 2 kat artışı anlamak, sayıların ne abartılı ne de önemsiz olmadığını kavramak anlamına gelir. Bunlar, biyolojik stresin sayısal yansımasıdır. Kalbin tekrarlanan zorluklara verdiği tepkiyi nicelendirirler. Dr. London bu aralığı dile getirirken, alarm vermek için değil, açıklık sağlamak için yaptı. Sayıların farkındalığı artırmayı, konuşmayı teşvik etmeyi, algı ve kanıt arasında çok uzun süredir var olan bilgi boşluğunu doldurmayı amaçladı.

Esrarın küresel olarak yasallaşmasıyla birlikte bu rakamlar daha da önem kazanıyor. Güvenlik, ölçülülük ve bilinçli seçim hakkındaki tartışmaların temelini oluşturuyorlar. Okuyuculara kalbin kültürel değişimlere veya siyasi tartışmalara değil, kimyaya, basınca, iltihaplanmaya ve ritme tepki verdiğini hatırlatıyorlar. Kalp, esrarı ahlaki bir mesele olarak değil, biyokimyasal bir olay olarak yorumluyor.

1,3 ila 2 kat arasındaki bu rakamlar, o olayın insanların anlayabileceği terimlere çevrilmiş halidir. Binlerce hasta öyküsünü, sayısız laboratuvar deneyini ve bilimsel bilginin istikrarlı ilerlemesini temsil ederler. Bize riskin korku değil, anlayış meselesi olduğunu hatırlatırlar. Ve anlayışla birlikte, kişinin sağlığıyla, geleceğiyle ve her şeyin merkezindeki sessiz, yorulmak bilmeyen organa duyduğu saygıyla uyumlu seçimler yapabilme yeteneği gelir.

Bölüm 6 – Sessiz Hasar: Esrar Zamanla Kan Damarlarını Nasıl Zayıflatır

Kan damarının zayıflaması kendini belli etmez. Yüksek sesle zonklamaz veya gözle görülür bir uyarı ile alevlenmez. Bunun yerine, yıllar içinde sessizce gelişir, gece gündüz, şikayet etmeden düzenli atan nabzın altında gizli kalır. Bu sessiz bozulma, damar hasarını bu kadar aldatıcı derecede tehlikeli kılan şeydir. Görünmezlikte gelişir. Ve uzun süreli esrar kullanan birçok kişi için bu görünmezlik en büyük tehdit haline gelir, çünkü vücut kademeli değişikliklere uyum sağlar, ta ki sonunda dramatik bir şey dikkat çekene kadar. Bu sessiz ilerleme—yavaş, incelikli, istikrarlı—Dr. London gibi cerrahları en çok endişelendiren şeydir.

İnsanlar herhangi bir şeyi içmenin yol açtığı zararı hayal ettiklerinde, ilk olarak akciğerleri düşünürler: kararmış doku, daralmış hava yolları, öksürük nöbetleri veya nefes darlığı. Nadiren düşündükleri şey ise, vücutta dallanan ve her damarın ince, hassas iç astarı olan endotelyum tarafından hassas bir şekilde yönetilen, oksijen açısından zengin kanı taşıyan atardamar ağıdır. Bu astar sadece pasif bir tüp değildir. Kimyasal sinyallere, basınç değişikliklerine ve iltihaplanma ipuçlarına anında yanıt veren aktif, dinamik bir katmandır. Akışı artırmak için damarları genişletir, basıncı düzenlemek için daraltır ve pıhtı ve plaklara karşı koruma sağlayan maddeler salgılar. Kardiyovasküler orkestranın şefidir. Ve esrar dumanında bulunan kimyasallara ve partiküllere tekrar tekrar maruz kaldığında, uyumu bozulmaya başlar.

Dr. London, endotel disfonksiyonunu sıklıkla trafik ışıklarına benzeterek açıklardı. Endotel sağlıklı olduğunda, damarların gevşemesi veya daralması için mükemmel bir zamanlamayla sinyal gönderir ve kanın serbestçe akmasını sağlar. Hasar gördüğünde ise sinyaller düzensizleşir. Işıklar arızalanır—bazen çok uzun süre kırmızı kalır, bazen renkler arasında titrer—ve trafik tıkanmaya başlar. Kan akışı yavaşlar, türbülans artar ve damarların duvarları sertleşir. Endotel disfonksiyonu olarak bilinen bu durum, gelecekteki kardiyak olayların en erken uyarı işaretidir. Arter kalınlaşmasına, plak birikimine ve ani tıkanmalara yol açan uzun zincirin ilk domino taşıdır.

Esrar dumanı, birden fazla yolla bu işlev bozukluğuna katkıda bulunur. Yanma sırasında açığa çıkan ısınmış parçacıklar ve toksinler, akciğerler yoluyla kan dolaşımına girer ve doğrudan atardamar duvarlarına ulaşır. Kimyasallar, o an fark edilmese de her nefeste biriken mikroskobik iltihaplanmaya neden olur. THC, nikotin gibi doğası gereği toksik olmasa da, sempatik sinir sistemi aktivasyonunu tetikler, kalp atış hızını ve kan basıncını artırır. Bu dalgalanmalar, damar duvarlarına mekanik stres uygulayarak, ideal ritimlerinin ötesinde tekrar tekrar genişleyip daralmalarına neden olur. Zamanla, endotelyum, yanlış yönde çok fazla gerilmiş bir kumaş gibi yıpranır.

Bu hasar ağrı olarak kendini göstermez. Kimse endotelyumunun hasar gördüğünü hissederek uyanmaz. Arter kalınlaşmasının veya iltihaplanmanın erken evreleriyle ilişkili herhangi bir his yoktur. Bu değişiklikler biyolojik olarak sessizdir, yalnızca özel testlerle veya damarların açığa çıkarıldığı ameliyatlar sırasında tespit edilebilir. Ve Dr. London gibi cerrahlar, bu ameliyat odalarında kanıtları ilk elden görürler.

Esrar kullananların (tütün kullanmadıklarına yemin edenlerin) atardamarlarında önemli değişiklikler olduğunu ilk fark ettiği anı sık sık hatırlar. Kırklı yaşlarının başındaki bir hastaya koroner arter baypas ameliyatı yaparken, damarların o yaştaki biri için alışılmadık derecede sert olduğunu fark etti. Hasta ameliyat öncesi görüşmelerde "temiz bir yaşam tarzı" sürdürdüğünü, hiç sigara içmediğini ve yüksek yağlı bir diyet uygulamadığını ısrarla belirtmişti. Ancak neredeyse sıradan bir şekilde, rahatlamak için her gece esrar içtiğini itiraf etmişti. Cerrah, atardamarın dokusunu hatırladı: Beklendiği kadar yumuşak ve esnek değil, kalınlaşmış ve hafifçe renk değiştirmişti, sanki erken yaşlanmış gibiydi. Dışarıdan hiçbir belirti yoktu, hastanın görünümünde veya günlük yaşamında bir şeylerin yanlış olduğunu düşündürecek hiçbir işaret yoktu. Ancak içeride, damarlar farklı bir hikaye anlatıyordu.

Yıllar geçtikçe bu tür vakalar daha sık görülmeye başladı. Kalp ameliyatlarının daha az yaygın olduğu otuzlu ve kırklı yaşlardaki hastalar, daha yaşlı bireylerde görülen tipik damar rahatsızlıklarıyla başvuruyorlardı. Arterleri eskisi kadar esnek değildi, endotel tabakaları kronik tahriş belirtileri gösteriyordu ve birçok vakada plak beklenenden daha erken oluşmaya başlamıştı. Bu durum Dr. London'ı endişelendiriyordu; çünkü esrar tek başına sebep değildi, aksine birçok kullanıcı esrarın zararsız, doğal veya "tütünden daha iyi" olduğuna inanıyordu. Bu inanç, onları yıllar geçtikçe biriken kademeli hasara karşı kör ediyordu.

Plak bir günde veya bir haftada oluşmaz. Endotelyum hasar gördükten sonra damar duvarına lipidlerin birikmesiyle başlayarak kademeli olarak oluşur. Başlangıçta bu birikintiler yumuşak çizgilerdir. Zamanla, iltihap hücreleri hasarı onarmaya çalışırken istemeden birikime katkıda bulunurlar. Kalsiyum birikintileri sonunda birleşerek plağı çimento gibi sertleştirir. Arter yavaşça daralır ve geçebilecek kan miktarı azalır. Ancak damar içindeki alan küçülürken bile vücut telafi eder. Kanı yan yollardan yönlendirir, kalp atış hızını hafifçe artırır ve basıncı biraz ayarlar. Bu telafiler, daralma kritik hale gelene kadar sorunun ciddiyetini gizler.

Esrar kullanan birçok kişi için ilk fark edilen belirti, erken dönemdeki göğüs rahatsızlığı veya hafif yorgunluk değildir. Ani ve ezici bir kalp krizi ağrısıdır. Bir an kendilerini normal hissederler; bir sonraki an ise plak yırtılır, hızla pıhtı oluşur ve atardamar neredeyse tamamen tıkanır. Oksijensiz kalan kalp şiddetli bir şekilde protesto eder. Önceki yılların sessizliği, felaket bir anla sonuçlanır. Damar hasarının acımasız doğası budur: görünmez bir şekilde gelişir ve patlayıcı bir şekilde kendini gösterir.

Endotel disfonksiyonu, koroner arterlerin ani daralması olan vazospazma da katkıda bulunur. Bu olay, önemli plak birikimi olmayan kişilerde bile meydana gelebilir. Esrarın damar tonusu üzerindeki etkileri, bu tür spazmların olasılığını artırır. Arterler aniden daralır ve kan akışı önemli ölçüde azalır. Bu durum dakikalarca veya daha uzun sürebilir ve uzarsa kalp krizini tetikleyebilir. Bazı hastalar bu spazmları ara sıra yaşar ve bunları kaygı veya geçici rahatsızlık olarak geçiştirir. Ancak ataklar şiddetlendiğinde veya kalıcı hasara neden olduğunda, daha derin bir şeyin meydana geldiğini fark ederler.

Cerrahlar için, esrarın uzun vadeli damar etkileri benzersiz zorluklar yaratmaktadır. Hasar görmüş damarlar ameliyat sırasında daha zor kontrol edilir. Daha kolay yırtılırlar, dikişlere kötü yanıt verirler ve bazen mekanik olarak teşvik edildiklerinde bile yeterince genişlemezler. Dr. London bir keresinde kronik iltihaba maruz kalmış arterler üzerinde ameliyat yapmanın, suya batırılıp güneşte tekrar tekrar kurutulmuş hassas bir kumaşı dikmeye benzediğini anlatmıştı. Lifler esnekliklerini kaybeder. Manipülasyona direnç gösterirler. Bir greft yerleştirildiğinde sorunsuz bir şekilde genişlemesi gereken bir damar, bunun yerine sert kalır ve bypass'ı sabitlemek için daha fazla güç ve hassasiyet gerektirir.

Bir diğer zorluk ise plakların yerleşiminden kaynaklanmaktadır. Bazı esrar kullanıcılarında iltihaplanma düzensiz şekillerde gelişme eğilimindedir ve bu da plakların eşit olmayan dağılımına yol açar. Cerrahlar, tahmin edilebilir bir bölüm boyunca düzgün bir daralma yerine, sertleşmiş birikinti alanlarının iltihaplı alanlarla dönüşümlü olarak bulunduğunu görürler. Bu tutarsızlık, greft yerleştirmeyi zorlaştırır ve ameliyat sonrası komplikasyon riskini artırır. Ek olarak, yağ dokularında ve damar duvarlarında depolanan kalıntı kimyasallar iyileşmeyi etkiler. İyileşme daha yavaş olabilir, pıhtılaşma davranışı değişebilir ve iltihaplanma daha kalıcı hale gelebilir.

Bu komplikasyonlar sadece esrar kullanıcılarına özgü değildir, ancak düzenli olarak esrar kullananlarda görülme sıklığı, uzun vadeli damar sağlığı konusunda endişeleri artırmaktadır. Sorun sadece THC'nin varlığı değil; kullanım şeklidir. Esrar içildiğinde, ısı, yanmış madde ve partikül maddelerin birleşimi, damarları doğrudan etkileyen toksik bir karışım oluşturur. Buharlaştırılmış formları bile, biraz farklı olsa da, yüksek THC konsantrasyonları ve iltihaplanma tepkilerini tetikleyebilen katkı maddeleri nedeniyle risk taşır.

Özellikle dikkat çekici bir olay, yirmi yıldan fazla süredir esrar kullanan bir hastaya yapılan çok damarlı bypass ameliyatı sırasında yaşandı. Hasta, esrarın kullandığı tek madde olduğunu ve işlenmiş gıdalardan, alkolden ve tütünden tamamen uzak durduğunu ısrarla belirtmişti. Ancak atardamarlarına greft yerleştirmek son derece zordu. Uzun süreli dayanıklılığı nedeniyle sıklıkla bypass için kullanılan iç meme atardamarı kalınlaşma belirtileri gösteriyordu. Greft olarak kullanılmak üzere bacağından alınan safen veninde de hafif endotel tahrişi vardı. Cerrah ameliyatı başarıyla tamamladı, ancak daha sonra özel olarak hastanın damar sisteminin on ila on beş yaş daha büyük birinin damar sistemine benzediğini belirtti.

Bu birikmiş deneyimler, araştırma çalışmalarının zaten öne sürdüğü şeyi pekiştirdi: kronik esrar kullanımı damar yaşlanmasına katkıda bulunur. Bu yaşlanma sadece zaman meselesi değil; tekrarlanan maruz kalma meselesidir. Her nefes alma, damar duvarlarını zorlayan, iltihaplanmayı tetikleyen veya endotel fonksiyonunu bozan bileşikler içerir. Aylar ve yıllar içinde, bu stres faktörleri yapısal değişikliklere yol açar. Damarlar sertleşir, astar zayıflar ve plak yırtılması veya pıhtı oluşumu riski sürekli olarak artar.

Uzun süreli esrar kullanımına bağlı damar hasarının bir diğer kritik yönü de öngörülemezliğidir. İki kişi aynı miktarda ve aynı süre boyunca esrar tüketebilir, ancak birinde ciddi arteriyel değişiklikler görülürken diğerinde nispeten etkilenmemişlik görülebilir. Genetik yatkınlık, beslenme, egzersiz alışkanlıkları ve eşlik eden hastalıklar sonuçları etkiler. Ancak öngörülemezliğin kendisi de tehlikenin bir parçasıdır. Bir kişi, hiçbir belirti görünmediği için güvende olduğunu varsayamaz. Uyarı işaretlerinin yokluğu, endotel tabakasının durumu veya arter duvarının kalınlığı hakkında hiçbir şey söylemez.

Durumu daha da karmaşıklaştıran şey, birçok esrar kullanıcısının kendilerini sağlık bilincine sahip kişiler olarak görmesidir. İşlenmiş gıdalardan kaçınabilir, organik yaşam tarzlarını benimseyebilir ve düzenli olarak egzersiz yapabilirler. Esrar doğal olduğu için, sağlık felsefeleriyle uyumlu olduğuna inanırlar. Ancak damarlar "doğal" ve "doğal olmayan" duman arasında ayrım yapmaz. Sadece kimyasal ve fiziksel strese tepki verirler. Temiz ve bilinçli bir yaşam sürmekle övünenler bile farkında olmadan sessiz arter hasarı biriktirebilirler.

Son yıllarda, esrarın diğer kardiyovasküler risk faktörleriyle nasıl etkileşimde bulunduğu araştırılmaya başlandı. Bulgular, hafif hipertansiyon veya yüksek kolesterol ile birleştiğinde hasarın daha hızlı ilerlediğini göstermektedir. Damar duvarları daha hızlı zayıflar. Endotel disfonksiyonu şiddetlenir. Plak daha kolay oluşur. Risk eğrisi dikleşir. Diyabet veya metabolik sendromu olan kişilerde esrar, zaten vasküler bütünlüğü tehdit eden inflamatuar süreçleri şiddetlendirir. Sonuç olarak, her iki faktörün tek başına neden olabileceğinden daha yüksek, birleşik bir risk ortaya çıkar.

Bir cerrahın bakış açısından, endişe sadece müdahale gerektiren hasta sayısının artması değil, aynı zamanda vakaların karmaşıklığıdır. Basit olması gereken ameliyatlar teknik olarak zorlayıcı hale geliyor. Sorunsuz olması gereken iyileşme öngörülemez hale geliyor. Uzun vadeli sonuçlar daha az güvence altına alınıyor. Bu nedenle Dr. London farkındalığın önemini vurguluyor. Korku değil, farkındalık. Tekrarlanan esrar kullanımının, etkileri on yıllarca sessiz kalsa bile, damar sistemi için zararsız olmadığını anlamak.

Sessiz damar hasarının öyküsü, esrarı kötülemek için değil, gözden kaçan bir gerçeği aydınlatmak içindir. Damarlar yüksek sesle konuşmazlar. Hafif kalınlaşma, küçük iltihaplanma, esnekliğin azalması gibi ince değişikliklerle fısıldarlar. Zamanla, bu fısıltılar, ancak tıbbi görüntüleme veya ameliyat sırasında duyulabilen bir koro oluşturur. Damarlar bağırmaya başladığında ise bu, kalp krizi, felç veya ani bir çökme sırasında olur.

Esrarın kan damarlarını nasıl zayıflattığını anlamak, her türlü kullanımı engellemek anlamına gelmez. Bu, "duman" teriminin ardındaki biyolojik gerçeği tanımakla ilgilidir. Endotel disfonksiyonunun, plak oluşumunun ve arter kalınlaşmasının sessiz ilerleyişini kabul etmekle ilgilidir. Varsayımları bilgiyle, mitleri kanıtlarla değiştirmekle ilgilidir.

Sessiz hasar da hasardır. Ve kalp ve damarları için sessizlik, çoğu zaman en tehlikeli sestir.

Bölüm 7 – Tehdit Altındaki Genç Kalp: 40 Yaş Altı Kullanıcılarda Ani Kalp Olayları

Gençliğin aşılmaz bir kalkan, vücudu yaşam tarzı seçimlerinin sonuçlarından koruyan bir tür biyolojik sigorta poliçesi olduğuna dair tehlikeli bir efsane vardır. Kırk yaşın altındaki esrar kullanıcıları arasında bu yanılsama özellikle güçlüdür. Eklemlerinin esnek, dayanıklılıklarının yüksek ve yıllık sağlık kontrollerinin (eğer hiç giderlerse) nadiren endişe verici bir şey gösterdiğine inanarak kendilerini yenilmez sanırlar. Ancak yıllar içinde ortaya çıkan tıbbi vakalar, ameliyat odası krizleri ve gecikmiş teşhisler sonucunda anlaşılan gerçek şu ki, esrar kalbi çoğu insanın hayal edebileceğinden çok daha erken bir aşamada dengesizleştirebilir. Genç vücut kasları, cildi ve morlukları hızla onarabilir, ancak kalp aynı gençlik affediciliği ilkesiyle çalışmaz. Ritmi, atardamarları ve elektriksel stabilitesi, yanlış zamanda yanlış fizyolojik stresle bazen felaketle sonuçlanacak şekilde dengesiz hale gelebilir. Bu bölüm, kırk yaş altı demografide ani kalp olaylarının sadece mümkün olmakla kalmayıp, giderek daha yaygın hale geldiğini ve genellikle esrar maruziyetiyle bağlantılı olduğunu ortaya koyan rahatsız edici gerçeği gözler önüne seriyor.

Son on yılda Dr. London, kamuoyunun inanmayı sevdiği her şeye aykırı vakalarla defalarca karşı karşıya kaldı. En sarsıcı olanlardan birini hatırladı: Yirmi sekiz yaşında bir adam, hafta sonu arkadaşlarıyla bir araya geldiğinde gülerken başlayan şiddetli göğüs ağrısıyla hastaneye getirilmişti. Acil servis doktorları ilk başta anksiyete veya gastrit şüphesi duymuşlardı; sonuçta hasta kalp krizi geçirecek kadar genç görünmüyordu. Ancak EKG farklı bir hikaye anlatıyordu. ST segmentleri yükselmişti. Troponin seviyeleri fırlamıştı. Koroner arterde ani ve şiddetli bir vazospazm meydana gelmişti ve kan akışı neredeyse durmuştu. Sigara içip içmediği sorulduğunda, hasta pasif bir şekilde sigara içmediğini söylemiş, ancak "daha önce birkaç nefes esrar içtiğini" de eklemişti. İfade masumiyet taşıyordu, sanki esrar önemsiz bir arka plan gürültüsüymüş gibi. Oysa patofizyoloji doğrudan kanabinoid kaynaklı vazospazma işaret ediyordu. Kateterizasyon laboratuvarında doktorlar, atardamarların öngörülemeyen bir şekilde kasılıp gevşediğini, olması gereken istikrarlı ve güvenilir kanallar yerine huysuz kaslar gibi davrandığını izlediler. Hasta hayatta kaldı, ancak saatlerce süren belirsizlik ve yoğun müdahaleden sonra.

Onun gibi hikayeler giderek daha yaygın hale geldi. Dr. London, yirmili ve otuzlu yaşlarında, yaşlarına göre alışılmadık görünen aritmilerle başvuran çok sayıda hastaya tanık oldu. Bazıları o kadar şiddetli çarpıntılarla geldi ki ölüyor olduklarını sandılar. Diğerleri ise rutin aktiviteler sırasında -koşarken, çalışırken, yemek pişirirken, hatta masada otururken- aniden yere yığıldılar. Bu vakaların çoğunu birbirine bağlayan ortak nokta, miktarı az olsa bile, yakın zamanda esrar kullanımıydı. Bazı hastalar günlük sigara içme alışkanlıklarını anlatırken, diğerleri ara sıra kullandıklarını itiraf etti. Bu durum, genç kalbin, canlılığına rağmen, THC'nin elektriksel iletkenlik ve damar gerilimi üzerindeki etkilerine benzersiz bir şekilde duyarlı olduğunu gösteriyordu. Gençlik, kalp ritmindeki ani değişikliklere veya damar daralmasına karşı hiçbir koruma sağlamıyordu.

Esrarın gençlerin kardiyovasküler sistemiyle etkileşimi, çoğu insanın fark ettiğinden daha karmaşıktır. Genç yetişkinler, daha hızlı bazal metabolizma hızları ve değişen vücut kompozisyonları nedeniyle THC'yi genellikle farklı şekilde metabolize ederler. Sempatik sinir sistemleri daha reaktif olma eğilimindedir, bu da daha dramatik kalp atış hızı artışlarına ve kan basıncı dalgalanmalarına yol açar. THC kan dolaşımına girdiğinde, bir dizi otonomik yanıtı tetikler; bazı bölgelerde vazodilasyon, diğerlerinde vazokonstriksiyon. Bu dengesiz yanıt, dengeyi korumak için daha çok çalışması gereken kalbe stres yükler. Kırk yaşın altındaki biri için, bu hızlı değişimler yüzeyde zararsız görünebilir çünkü hızla düzelirler. Ancak bu yüzeyin altında, özellikle aylarca veya yıllarca tekrarlandığında, fizyolojik bir istikrarsızlık temeli oluştururlar.

Bir vakada, otuz yaşında bir kadın yoga yaparken aniden yere yığıldı. Tamamen sağlıklı görünüyordu; aile öyküsü yoktu, teşhis edilmiş bir rahatsızlığı yoktu, hiçbir uyarı işareti yoktu. Sağlık görevlileri başlangıçta dehidrasyon veya bayılma şüphesi duydu, ancak hastaneye ulaştığında ventriküler fibrilasyona girdi. Kalbinin elektriksel sistemi kaotik impulslara dönüştü. Canlandırma çabaları başarılı oldu, ancak Dr. London daha sonra anjiyogramını incelediğinde, koroner arterlerinde hafif endotel tahrişi buldu. İltihaplanma kolesterol veya otoimmün sorunlardan kaynaklanmıyordu; kronik maruz kalmaya dayanıyordu. Kocası, esrar içeren yiyecekler tükettiğini ve ara sıra elektronik sigara kullandığını söylediğinde, bu kadar zararsız bir şeyin neredeyse ölümcül bir olayla nasıl bağlantılı olabileceğini anlamaya çalışıyormuş gibi şaşkın bir tonda söyledi. Ancak gerçek şu ki, elektronik sigara konsantrelerinden gelen THC, çok hızlı bir şekilde yüksek dozlarda kan dolaşımına girebilir ve kalbin düzenleyici mekanizmalarını alt üst edebilir.

Genç yetişkinler, esrarı doğal ve dolayısıyla zararsız olarak düşünmeye şartlandırıldıkları için, savunmasızlıklarını sıklıkla hafife alırlar. Sosyal medya bu inancı güçlendirir. Platformlar, egzersiz yaparken, yürüyüş yaparken, dans ederken veya dayanıklılık ve sağlıklı yaşamı ima eden işler yaparken rahatça esrar içen veya esrar içeren ürünler kullanan etkileyicilerle doludur. İma edilen mesaj, esrarın hayatı tehdit etmek yerine zenginleştirdiğidir. Bu genç kullanıcıların görmediği şey, Dr. London'ın incelediği tıbbi kayıtlar; ani elektriksel düzensizliği gösteren ritim şeritleri, kan akışını kesen arteriyel spazmları gösteren anjiyogramlar veya oksijensiz kalmış kalp kasını ortaya koyan laboratuvar sonuçlarıdır. Hastane bekleme odalarında, aktif ve sağlıklı çocuklarının nasıl kalp krizi geçirdiğini anlamaya çalışan ebeveynlerin yüzlerindeki paniği görmezler.

Daha da rahatsız edici olan, esrarın kendilerini sakinleştirdiğine veya uyumalarına yardımcı olduğuna inanan genç erkek ve kadınları içeren vakalardı. Bu vakalardan biri, stresi yönetmek için her gece esrar kullanan yirmi dört yaşında bir adamı içeriyordu. Bir sabah erken saatlerde oda arkadaşı tarafından yatak odasında tepkisiz halde bulundu. Hastanede, uyku sırasında sessiz bir aritmi geçirdiği anlaşıldı; bu muhtemelen THC'nin neden olduğu otonomik dengesizlikten kaynaklanıyordu. Hayatta kaldı, ancak keşfedilmeden önce uzun süre düşük oksijen seviyelerine maruz kalması nedeniyle hafif uzun süreli bilişsel bozukluk yaşadı. Daha sonra kendisiyle yapılan görüşmelerde, inanmadığını ifade etti. Esrarın kalp atış hızını düşürdüğünü ve vücudu rahatlattığını varsaydığını, bu nedenle alkol veya tütünden daha güvenli olduğuna inandığını söyledi. Anlayışı bilimsel gerçeklikten ziyade kültürel mesajlara dayanıyordu.

Bu yanlış algılar, özellikle genç yetişkinler arasında çok yaygındır çünkü birçoğu yasallaşma ve normalleşme çağında büyümüştür. Esrar, pastel renkli ambalajlar, rahat sloganlar ve "sağlık" odaklı bir yaklaşımla pazarlanmaktadır. Genç yetişkinler, esrarın kalp atış hızı, otonom kontrol ve damar fonksiyonu üzerindeki etkisini gösteren onlarca yıllık araştırmayı hatırlamıyorlar. Bunun yerine, onu zararsız bir bitki veya stres giderici bir araç olarak gösteren güncel anlatıları benimsiyorlar. Algı ve fizyoloji arasındaki bu kopukluk, kırk yaş altı popülasyonlarda ani kalp rahatsızlıklarının daha yaygın hale gelmesinin başlıca nedenlerinden biridir.

Çarpıcı bir diğer örnek ise, işe gidip gelirken kalp krizi geçiren otuz iki yaşında bir yazılım mühendisiydi. Başlangıçta göğsündeki sıkışmayı mide ekşimesi sandı. Ağrı çenesine yayılıp başı dönmeye başlayınca kenara çekip ambulans çağırdı. Hastanede, küçük ama kritik bir koroner arterde tıkanıklık tespit edildi. Bu, yaşlılarda görülen klasik plak birikimi değildi; bunun yerine, damar iltihabı ve endotel disfonksiyonu tarafından tetiklenen bir pıhtıydı. Daha sonra, iş stresiyle başa çıkmak için neredeyse her gün yüksek etkili THC yağı buharlaştırmaya başladığını itiraf etti. Buharlaştırmanın, sigara içmekten daha temiz ve dolayısıyla daha güvenli olduğunu söyledi. Farkında olmadığı şey ise, buhardaki ultra ince parçacıkların ve kimyasal katkı maddelerinin kan damarlarını hızla iltihaplandırabileceği ve genç ve görünüşte sağlıklı bireylerde bile pıhtı oluşumu için mükemmel koşullar yaratabileceğiydi.

Dr. London, bu gibi vakaların risk algısı hakkındaki anlayışını nasıl yeniden şekillendirdiğini sık sık düşünürdü. Gençler kalp krizini, yıllarca sağlıksız alışkanlıklar edinmiş yaşlı yetişkinlerle ilişkilendirme eğilimindedir. Tıkanmış, kalın plaklarla dolu atardamarları hayal ederler, esrarın neden olduğu ani spazmları veya akut iltihaplanma tepkilerini değil. Sonuç olarak, genç yetişkinler belirtiler ortaya çıktığında yardım aramayı geciktirebilirler. Bu gecikme ölümcül olabilir. Birkaç vakada, kırk yaşın altındaki hastalar, ağrının kas veya stres kaynaklı olduğuna inanarak hastaneye gelmeden önce saatlerce beklediler. Geldiklerinde, kalp dokusu zaten geri dönüşü olmayan hasar görmüştü.

Genç kalbin fizyolojisi de yanıltıcı bir koruma hissi yaratır. Örneğin, gençlerde atardamar duvarları daha elastik olma eğilimindedir, bu da bir avantaj gibi görünebilir. Ancak elastikiyet aynı zamanda onları kimyasal tetikleyicilere karşı daha duyarlı hale getirir. THC vazokonstriksiyona neden olduğunda, atardamarlar aniden ve güçlü bir şekilde daralarak, yaşlı ve daha sert atardamarlara göre kan akışını daha dramatik bir şekilde kesebilir. Benzer şekilde, kalbin genç iletim sistemi hızlı ve duyarlıdır, ancak bu da aşırı uyarılma durumunda elektriksel arızalara daha yatkın hale getirir. Daha önce herhangi bir rahatsızlığı olmayan genç esrar kullanıcılarında atriyal fibrilasyon, supraventriküler taşikardi ve hatta ventriküler aritmiler gibi aritmiler belgelenmiştir.

Kırk yaş altı nüfusta bir diğer risk katmanı, yaşam tarzı kombinasyonlarından kaynaklanmaktadır. Genç yetişkinler genellikle esrarı diğer tercihlerle birleştirirler: enerji içecekleri, alkol, yoğun egzersiz veya uyku eksikliği. Bu faktörlerin her biri bağımsız olarak kalp üzerindeki stresi artırır. THC'nin fizyolojik etkileriyle birleştiğinde, dengeyi tehlikeli bir bölgeye çevirebilirler. Dr. London, odaklanmayı artırdığına inandığı için egzersizlerden önce esrar içen yirmi altı yaşında bir fitness tutkunuyla ilgili bir vakayı hatırlattı. Bir seans sırasında ani kalp durması geçirdi. Canlandırma onu kurtardı, ancak daha sonra yapılan teşhis, THC'nin egzersizden kaynaklanan yüksek adrenalinle birleşmesiyle tetiklenen kötü huylu bir aritmi geçirdiğini gösterdi. Yoğun sempatik aktivasyon, aksi takdirde sağlıklı bir kalbin içinde mükemmel bir fırtına yarattı.

Esrarın sessiz bir arka plan faktörü olarak rol oynadığı vakalar da vardı. Yirmi dokuz yaşında bir kadın, merdivende bayıldıktan sonra hastaneye getirildi. Yapılan testler miyokardit (kalp kası iltihabı) olduğunu ortaya koydu. Herhangi bir enfeksiyonu, otoimmün rahatsızlığı veya bunu açıklayacak bir risk faktörü olmamasına rağmen, geceleri esrar kullandığını itiraf etti. THC maruziyeti, daha önce hiç bilmediği bir yatkınlıkla birleşerek iltihaplanma zincirini tetikledi. İyileşmesi aylar süren ilaç tedavisi ve kısıtlı fiziksel aktivite gerektirdi; bu, otuzlu yaşlarına gelmeden önce karşılaşmayı hiç beklemediği bir durumdu.

Tüm bu öyküleri bir araya getiren şey, kırk yaş altındaki kalbin de esrarın kardiyovasküler sonuçlarından muaf olmadığı gerçeğidir. Genç yetişkinlerde ani kalp rahatsızlıkları tıbbi anormallikler değil, giderek daha fazla tanınan klinik kalıplardır. Bu hastaların çoğu sağlıklı, formda ve enerjik görünse de, yüzeysel görünüm kalbin damar ve elektriksel ağlarında meydana gelen ince değişiklikleri gizler.

Dr. London, genç hastalar belirtilerle geldiğinde, zamanla daha spesifik sorular sormayı öğrendi. Artık sadece sigara içip içmediklerini sormakla kalmıyor, ne içtiklerini, ne sıklıkla ve hangi formda içtiklerini de açıklığa kavuşturuyordu. Birçok hasta başlangıçta esrar kullanımını açıklamadı çünkü bunu önemli görmüyorlardı. Ancak alışkanlıklarını anlattıktan sonra her şey yerine oturdu. Kamuoyu algısı ile tıbbi gerçeklik arasındaki uçurum bu etkileşimlerde açıkça görülüyordu. Birçok genç, esrarın "sadece bir bitki" olduğunu duyarak büyüdüğü için güvenli olduğuna inanıyordu. Modern piyasanın, önceki on yıllardaki esrardan çok daha güçlü ürünler sunduğunu çok az kişi anlıyordu.

Genç kalpler dinamik, son derece duyarlı organlardır ve bu duyarlılık, onları THC'nin tetiklediği akut streslere karşı birçok yönden daha savunmasız hale getirir. Yaşlı yetişkinler genellikle kronik kardiyovasküler gerilemeyle karşı karşıya kalırken, genç yetişkinler ani elektriksel veya vasküler olaylara daha yatkındır. Bu olaylar uyarı vermeden meydana gelir ve uyku gibi sıradan aktivitelerden egzersiz gibi aktif aktivitelere kadar her ortamda gerçekleşebilir.

Gençlik bağışıklık kazandırmaz. Aksine, tehlikeli bir kör nokta yaratır.

Bu bölümün sonunda, temel mesaj netleşiyor: Esrar, kırk yaş altı nüfus için gerçek ve acil riskler oluşturuyor; bu riskler çok sık göz ardı ediliyor veya bilinmiyor. Ameliyat masalarına veya kardiyoloji ünitelerine kaldırılan hastalar, tıbbi krizlerinde esrarın rol oynayacağını asla beklemiyorlardı. Hikayeleri bize, genç kalbin güçlü olsa da yok edilemez olmadığını hatırlatıyor. Ve esrar kullanımının giderek yaygınlaştığı ve kültürel olarak normalleştiği bir dünyada, bu kırılganlığı anlamak çok önemli; korkutmak için değil, sadece yaşları nedeniyle dokunulmaz olduklarına inananları korumak için.

Bölüm 8 – İnme ve Arıtmı Riskleri: Gözden Kaçan Yan Etkiler

Esrar kullanan çoğu insan için, esrarın felce neden olması veya tehlikeli bir kalp ritmini tetiklemesi fikri absürt, neredeyse gülünç geliyor. Felçleri sadece yaşlı, diyabetli veya yıllarca sağlıksız yaşam tarzı seçimleri yapmış kişilerde görülen olaylar olarak hayal ediyorlar. Aritmiler de yaşlı hastalarla ilişkilendirilen sorunlar olarak görülüyor, üniversite öğrencileri, genç profesyoneller veya esrarı zararsız bir rahatlama yolu olarak gören eğlence amaçlı kullanıcılarla değil. Ancak hastane koğuşlarının ve acil servislerin kapalı kapıları ardında rahatsız edici bir durum ortaya çıktı: Kendilerini bu tür komplikasyonlar için çok genç ve çok sağlıklı sanan kişilerde esrar kaynaklı felçler ve aritmiler. Bu olaylar kibar uyarılarla gelmiyor. Aniden, şiddetli bir şekilde ve genellikle önceden herhangi bir belirti vermeden ortaya çıkıyorlar. Ve bu vakaların çoğunu birbirine bağlayan ortak nokta, THC'nin kan damarları, elektriksel sinyalleme ve dolaşım istikrarı üzerindeki göz ardı edilen etkisidir.

Özellikle inme riski, deneyimli klinisyenleri bile şaşırtacak şekilde arttı. Dr. London, sık sık, partneri tarafından acil servise getirilen ve aniden tutarlı bir şekilde konuşma yeteneğini kaybeden otuz dört yaşındaki bir kadının vakasını düşünürdü. Sözleri kırık parçalara ayrılıyor, yüzünün bir tarafı sarkıyordu. Partneri ilk başta kadının inme geçirecek kadar genç olmadığını ısrarla savundu. Ancak hızlı bir tarama, konuşma merkezini besleyen küçük ama kritik bir arterde pıhtı olduğunu ortaya çıkardı. Pıhtı, uzun süreli kolesterol birikimiyle oluşanlara benzemiyordu; bunun yerine, taze, ani ve ani bir vasküler olay tarafından tetiklenmiş gibi görünüyordu. Partnerine son zamanlardaki alışkanlıkları veya maruz kaldığı şeyler sorulduğunda, o akşamın erken saatlerinde esrar buharlaştırıcıdan birkaç nefes çektiğini pasif bir şekilde belirtti. Bu ilişki ona imkansız görünüyordu, ancak fizyoloji başka bir hikaye anlatıyordu. Aylarca yüksek etkili THC buharına maruz kalmaktan zaten tahriş olmuş olan arterleri, keskin bir şekilde daralmıştı. Oluşan küçük bir pıhtı ilerleyerek beyninin hayati bir bölgesine giden kan akışını kesti.

Esrarın bu tür olayları tetikleyebileceği fikri, temel bir gerçekle başlar: THC, kan damarlarını önemli ölçüde etkiler. Damarların daralmasına, genişlemesine veya iki durum arasında salınım yapmasına neden olarak kan akışında türbülans yaratır. Birçok genç kullanıcı için bu dalgalanmalar fark edilmeden geçer. Ancak yüzeyin altında, damar tonusundaki düzensiz değişimler pıhtı oluşumu için ideal koşullar yaratır. Bir damar aniden daraldığında, kan bileşenleri birbirine daha yakınlaşır. Trombositler yapışır, fibrin iplikleri hızla örülür ve şaşırtıcı bir kolaylıkla pıhtı oluşur. Bu pıhtı yerinden oynarsa, beyne doğru ilerleyebilir ve hassas bir arteri tıkayabilir. Bu teorik bir durum değildir. Dr. London'ın genç esrar kullanıcılarında tedavi ettiği birçok inmenin ardındaki mekanizma budur.

Bir diğer endişe verici husus ise THC'nin kan basıncı üzerindeki etkisidir. İnsanlar genellikle esrarı rahatlama ile ilişkilendirir, stresi azaltmayı ve fizyolojik gerilimi düşürmeyi hayal ederler. Sarhoşluğun ilk aşamaları gerçekten de bir sakinlik hissi içerebilir. Ancak kullanıcıların görmediği şey, solunum veya yutmadan sonraki dakikalarda sıklıkla meydana gelen kalp atış hızı ve kan basıncındaki ani artıştır. Bu sempatik artış, kan damarı astarlarına zarar verecek veya önceden var olan arteriyel plakları yerinden oynatacak kadar güçlü olabilir. Altta yatan plak birikimi olmayan kişilerde bile, basınçtaki ani artış endotel hücrelerinde mikro yırtıklar oluşturarak, hassas yüzeyleri dolaşımdaki pıhtılaşma faktörlerine maruz bırakabilir. Bu mikroskobik yaralanmalar kullanıcı için görünmezdir, ancak dramatik bir şekilde tırmanabilecek olayların zeminini oluştururlar.

Aritmiler (kalp ritim bozuklukları) da, ortaya çıkana kadar görünmez kalma eğilimi gösterir. Esrarın kalbin elektriksel sistemi üzerindeki etkisi genellikle hafife alınmaktadır. THC, sadece beyindeki değil, kalp dokusunun kendisindeki reseptörlerle de etkileşime girer. Bu reseptörler, düzenli ritmi korumaktan sorumlu iyon kanallarını düzenler. THC bu kanallara müdahale ettiğinde, düzensiz ateşleme modellerini tetikleyebilir. Bazı kullanıcılar için bu, kısa süreli bir çarpıntı veya hafif bir titreme olarak kendini gösterir ve bunu önemsemezler. Ancak diğerlerinde, özellikle genetik olarak yatkın olanlarda, susuz kalanlarda, stres altında olanlarda veya esrarı alkol veya kafeinle birleştirenlerde, müdahale atriyal fibrilasyon veya taşikardiye dönüşür.
Dr. London, acil servise kalbinin "kontrolsüzce çarptığını" söyleyerek gelen yirmi yedi yaşında bir üniversite öğrencisini hatırladı. Kalp atış hızı dakikada neredeyse 180'di. Bir toplantıda bulunmuş, birkaç nefes esrar içmiş ve aniden göğsünde bir sıkışma hissetmişti. Hemşirelere daha önce hiç kalp problemi yaşamadığını ve akciğerlerinde bir sorun olduğunu düşündüğünü söyledi. Ancak EKG'de belirgin supraventriküler taşikardi görüldü. Aritmi, THC'nin otonom sinir sistemini aşırı uyarmasıyla tetiklenen elektriksel bir arızadan kaynaklanıyordu. Kalp atış hızını yavaşlatmak için ilaç ve kontrollü manevralar gerekti ve sonrasında esrarın altta yatan neden olabileceğine şaşırdığını ifade etti.

Atriyal fibrilasyon vakaları da aynı sıklıkta görülüyordu. Otuz dokuz yaşında bir bankacı, arkadaşlarıyla esrar içtikten sonra aniden nefes darlığı ve düzensiz kalp atışı şikayetiyle başvurdu. Hipertansiyonu, kolesterol sorunları veya aile öyküsü yoktu. Ancak atriyumlarındaki düzensiz, kaotik sinyaller, kalp odacıklarında pıhtı oluşma riskini artırıyordu; bu pıhtılar daha sonra beyne giderek felce neden olabilirdi. Aritmi düzeldiğinde bile, doktorlar bu olayın, beklenmedik bir şekilde tekrarlayabilecek elektriksel dengesizlik modeli oluşturarak yaşam boyu felç riskini artırdığını açıkladılar. Adamın tepkisi inanmazlıktı; atriyal fibrilasyonun yaşlı erkeklerde görülen bir şey olduğunu, yarı maraton koşan ve ara sıra keyif amaçlı esrar içmesi dışında sağlığına dikkat eden birinde olacağını düşünmemişti.

Birçok durumda, inme ve aritmi riskleri örtüşerek tehlikeli bir kombinasyon oluşturur. THC kaynaklı aritmi yaşayan kişilerde kalpte düzensiz kan akışı oluşabilir. Bu türbülanslı hareket, kulakçıklarda pıhtı oluşumunu teşvik eder. Oluştuktan sonra, bu pıhtılar dolaşıma karışarak beyne ulaşabilir. Bu nedenle, özellikle esrar gibi tekrarlayan bozukluklara neden olabilen maddeler tarafından tetiklendiğinde, tekil atriyal fibrilasyon atakları bile endişe vericidir.

Özellikle trajik bir vaka, komşusu tarafından evinde baygın halde bulunan otuz iki yaşındaki bir öğretmeni içeriyordu. Kadın, geçirdiği ağır bir felç nedeniyle hastaneye kaldırıldı. Kalbinde, fark edilmemiş bir aritmi sırasında oluşan pıhtı, beynini besleyen ana arterlerden birini tıkamıştı. Pıhtıyı çıkarmak için acil ameliyat geçirdi. Sonraki günlerde, Dr. London tıbbi geçmişini bir araya getirirken, kronik kaygısını yönetmek için haftada birkaç kez esrar buharlaştırdığını keşfetti. Otopsi, tekrarlanan THC maruziyetiyle muhtemelen kötüleşen kalp dokusundaki elektriksel dengesizlik belirtileri dışında, aksi takdirde sağlıklı bir kardiyovasküler sistem ortaya koydu. Arkadaşları daha sonra, esrar tüketmenin en güvenli ve temiz yolunun buharlaştırma olduğunu her zaman varsaydıklarını ve kadının da aynı şeye inandığını söylediler.

Sıklıkla gözden kaçırılan bir diğer kavram ise, genç esrar kullanıcıları arasında çoğu insanın fark ettiğinden daha yaygın olan geri dönüşümlü serebral vazokonstriksiyon sendromudur (RCVS). RCVS'de, beyindeki arterler öngörülemeyen bir şekilde daralarak kan akışını kısıtlar. Bu, bazen "şimşek çakması gibi baş ağrıları" olarak adlandırılan yoğun, ani baş ağrılarına neden olur. Şiddetli vakalarda, daralma felce yol açabilir. Dr. London, başını tutarak ve acıdan gözlerini açamayan otuz yaşında bir adamın acil servise geldiğini hatırladı. Adam, hissettiği duyguyu "içeride bir şey patlamış gibi" diye tanımladı. Görüntüleme, beyindeki birden fazla arterde daralma olduğunu gösterdi. Bunun nedeni, daha önce tükettiği ve kan dolaşımına çok hızlı bir şekilde yüksek dozda THC salan güçlü bir esrar ürünüydü. Damarlar daralarak tepki verdi ve kolayca tam bir felce dönüşebilecek bir zincirleme reaksiyonu başlattı.

Bu endişe verici vakalara rağmen, esrarın zararsız olduğu yönündeki kamuoyu algısı kısmen etkilerinin tutarsız olmasından kaynaklanıyor. Her kullanıcı kalp çarpıntısı yaşamaz. Her kullanıcı felç geçirmez. Bu tutarsızlıklar, insanları esrarın zararsız olduğuna ikna eden yanlış bir güvenlik hissi yaratır; oysa gerçekte kişisel fizyolojileri uyarı işaretlerini maskeliyor olabilir. Bazı bireylerin genetik olarak dayanıklı damarları veya doğal olarak stabil elektriksel iletim sistemleri vardır. Diğerleri ise farkında olmadan riskin eşiğinde olabilir ve THC, onları tıbbi bir krize itebilecek tek tetikleyici görevi görebilir.

Gözden kaçan risklere katkıda bulunan bir diğer faktör de modern esrar ürünlerinin yüksek gücüdür. THC konsantrasyonları, önceki nesillerin karşılaştığı seviyelerin çok ötesine çıktı. Bu yüksek etkili türler ve konsantreler, vücudun düzenleyici sistemlerini alt üst eden güçlü dozlar sunar. Damarlar daha keskin bir şekilde daralır. Kalp daha hızlı atar. Kan basıncı daha ani bir şekilde yükselir. Yaşlı bir yetişkin bu değişiklikleri hemen hissedebilirken, genç yetişkinler hiçbir şey hissetmeyebilir. Vücutları telafi eder - ta ki artık telafi edemeyecekleri ana kadar.

Dr. London, kullanıcılar tetikledikleri fizyolojik zincirleme reaksiyonu anlasalardı kaç tane inme ve aritminin önlenebileceğini sık sık merak ederdi. THC'nin, tıpkı bir kasta ani bir kramp gibi, atardamar duvarlarındaki düz kas hücrelerinin şiddetli bir şekilde kasılmasına neden olabileceğini fark etselerdi insanların ne kadar farklı davranabileceğini hayal ederdi. Bu kasılmalar, beyindeki hassas damarlarda kan akışını durdurabilir veya kalbi besleyen koroner arterlerin tehlikeli bir şekilde daralmasına neden olabilir. Bazı insanlara öfori veya hafiflik hissi veren aynı otonomik artış, kalbi kaotik bir ritme sokabilir.

THC'nin dehidrasyonla birleşmesiyle ortaya çıkan bir diğer rahatsız edici durum ise, kafein tüketen, yoğun egzersiz yapan veya sıvı alımını ihmal eden genç bireylerde sık görülen bir durumdur. Dehidrasyon kanı koyulaştırarak pıhtı oluşumu olasılığını artırır. THC'nin neden olduğu damar daralmasıyla birleştiğinde ise felç riski önemli ölçüde yükselir. Dr. London, daha önce esrar tüketmiş olan ve egzersiz seansları sırasında veya sonrasında felç geçiren kırk yaşın altındaki birkaç hastayı tedavi etti. Azalan hidrasyon, yüksek kalp atış hızı ve THC etkilerinin birleşimi, damar çökmesi veya pıhtı oluşumu için mükemmel koşullar yarattı.

Bu durumları daha da tehlikeli kılan şey, teşhisin gecikmesidir. Genç kullanıcılar genellikle inme veya aritmi belirtilerini hafife alırlar. Uyuşma veya karıncalanma kaygı ile karıştırılabilir. Ani baş dönmesi açlık veya susuzluğa bağlanabilir. Göğüs rahatsızlığı kas gerilmesi olarak geçiştirilir. Düzensiz kalp atışı stres olarak yorumlanır. Yardım arayışındaki bu gecikmeler geri dönüşü olmayan hasarlara yol açabilir. Birçok genç hasta, pıhtı çözücü ilaçlar veya zamanında elektriksel müdahaleler için çok geç kalmıştır.

Dr. London, yıllar içinde bu vakaları inceleyerek, esrarla ilişkili vasküler ve ritim komplikasyonlarının rastgele olmadığını fark etti. Bu komplikasyonlar, dozaj, sıklık, etki gücü ve bireysel hassasiyetlerle bağlantılı kalıplar izliyordu. Bu kalıplar, açık ve çoğu zaman göz ardı edilen bir gerçeğe işaret ediyordu: Esrar, doğal olduğu için güvenli değildir. Birçok sentetik maddeyle aynı etki gücüne sahip olarak kan damarlarını etkiler. Uyarıcı maddelerde görülen aynı öngörülemezlikle kalp ritmini değiştirir. Ve geleneksel olarak kendilerini bağışık sanan popülasyonlara felç ve aritmi riskleri getirir.

Acil servislere başvuran genç yetişkinler dikkatsiz kişiler değildi; çoğu eğitimli, sağlık bilincine sahip ve sosyal sorumluluk sahibiydi. En büyük hataları, kimse onlara aksini söylemediği için esrarın kardiyovasküler sistemlerine zarar veremeyeceğini varsaymalarıydı.

Bu bölüm, beynin ve kalbin hassas bir şekilde çalıştığını hatırlatmak amacıyla yazılmıştır. Kan akışındaki veya ritmindeki bozulmalar -kaynağı ne olursa olsun- sonuçlar doğurur. THC, damar tonusuna, kan basıncına ve elektriksel sinyalleşmeye müdahale ettiğinde, bu sonuçlar ani ve şiddetli hale gelebilir. İnme ve aritmi riskleri genç kullanıcılar için uzak olasılıklar değil; gerçek, acil ve büyük ölçüde hafife alınan risklerdir.

Bu riskleri anlamak korku salmakla ilgili değil; yanlış bilgilerin yayıldığı yerlerde netliği yeniden sağlamakla ilgilidir. Esrar toplumda daha normal hale geldikçe, kardiyovasküler etkisini tanıma sorumluluğu daha da acil hale geliyor. Bilgi, zevke engel değil; geri dönüşü olmayan zararlara karşı bir koruyucudur.

Bölüm 9 – Esrar Dumanının İçeriği: Toksinler, Katran ve Yanma Ürünleri

Esrarın tamamen zararsız bir madde olduğunu savunan çoğu insan, bu inancını onun bir bitki olmasından kaynaklandığına dayandırıyor. Toprakta yetişen, yağmurla sulanan ve güneş ışığıyla beslenen herhangi bir şeyin yakıldığında ve solunduğunda tehlikeli etkiler yaratmasının mümkün olmadığını savunuyorlar.*organik*Modern kültürde neredeyse büyülü bir anlam kazanmış olan bu kavram, birçok insanın arkasındaki bilimi sorgulamadan seçimlerini haklı çıkarmak için kullandığı bir kavramdır. Oysa tıp ve kimya alanındaki onlarca yıllık gözlemler, herhangi bir bitki materyalinin yakılmasının toksinler oluşturduğunu ortaya koymaktadır. Bitkinin arka bahçede mi yoksa sertifikalı organik bir serada mı yetiştirildiği önemli değildir. Ateş ona değdiği anda kimyası değişir ve duman, akciğerlerin işlemek üzere tasarlanmadığı zararlı kimyasalların bir karışımına dönüşür.

Dr. London'a göre, bu gerçeğin en açık kanıtı akademik tartışmalardan değil, dumanın kokusundan ve yoğunluğundan geliyordu. Esrar dumanı hastane koridorlarında, hastaların kıyafetlerinde ve ziyaretçiler birkaç nefes almak için dışarı çıktıklarında bekleme odalarının havasında kalır. Tütün dumanı gibi aynı ağırlığı taşır; aynı yapışkan kalıntı, aynı sert yanma hissi. Esrar dumanı bulutunun içinden geçen herkes, bunun sadece su buharı veya zararsız bir sis olmadığını içgüdüsel olarak bilir. Kumaşa yapışan yapışkan koku, duman salındıktan çok sonra bile havada asılı kalan parçacıkların kanıtıdır.

Esrarın yanması sırasında neler olduğunu anlamak için öncelikle yanmanın kendisini anlamak gerekir. Ateş, sadece ısı üretmenin uygun bir yolu değil, kimyasal bir reaksiyondur. Bitki materyali tutuştuğunda, içindeki selüloz, yağlar ve biyolojik bileşikler parçalanmaya başlar. Moleküler yapıları yoğun ısı altında bozulur ve daha önce bitkide bulunmayan yeni bileşikler halinde yeniden birleşir. Bu bileşiklerin bazıları nispeten zararsızdır, ancak çoğu zehirlidir. Bu toksinler, bitkinin doğal veya organik olup olmadığına bakmaz. Yanma, onları tahriş edici, kanserojen ve akciğerlere kadar ulaşan ağır parçacıklara dönüştürür.
Esrar dumanının başlıca bileşenlerinden biri katrandır. Katran tek bir madde değil, yapışkan, reçineli bir madde oluşturan birden fazla kimyasalın karışımıdır. Sigara katranı, yoğun kullanıcıların parmaklarını ve dişlerini lekelemesiyle ünlüdür, ancak esrar katranı kimyasal olarak benzerdir ve bazı durumlarda bitkideki yağlar nedeniyle daha yoğundur. Esrar yandığında, duman bu katranı solunum yollarına taşır. Her nefeste, katran bronşların ve alveollerin iç yüzeyini kaplar ve oksijen değişiminden sorumlu hassas yapılara yapışır. Zamanla, bu birikim hava akışını kısıtlar, akciğerleri tahriş eder ve kronik hastalık riskini artırır.
Dr. London, ameliyat sırasında sigara içmediklerini, sadece esrar kullandıklarını ısrarla söyleyen kişilere ait akciğerler görmüştü. Göğüs boşluğundaki renk değişimi ve kalıntılar açıkça belliydi. Akciğerler ömür boyu tütün içenlerin akciğerleriyle tamamen aynı olmasa da, farklılıklar birçok kişinin beklediğinden çok daha azdı. Esrarın katran tabakaları, yer yer koyu renkli doku ve tahriş olmuş bronşlar bırakarak, solunum sisteminin tekrarlanan şekilde ısıtılmış partikül madde solunmasına maruz kaldığını açıkça ortaya koyuyordu.

Esrar dumanının bir diğer rahatsız edici bileşeni de, ısıtılmış havada asılı kalan ince partikül maddelerdir. Bu partiküllerin çoğu mikroskobiktir ve akciğerlerin derinliklerine kadar nüfuz eder. Vücudun öksürme veya mukus yoluyla atabildiği daha büyük partiküllerin aksine, bu minik parçalar alveollerin içine yerleşir; alveoller, oksijeni kan dolaşımına aktarmaktan sorumlu küçük keselerdir. Bir kez hapsolduklarında iltihaplanmaya neden olurlar. Kısa vadede bu, birçok kullanıcının normal olarak gördüğü öksürüğe veya tahrişe yol açar. Ancak yıllar içinde kronik iltihaplanma, akciğerlerin yapısal bütünlüğüne zarar verebilir ve kronik bronşit ve akciğer kapasitesinde azalma gibi hastalıklara katkıda bulunabilir.
Esrar dumanındaki toksinlerden bahsederken, konuşma genellikle kanserojenlere, yani tütünde yaygın olarak bilinen kanserojen kimyasallara yönelir. Birçok insanın farkında olmadığı şey, esrar dumanının, benzen, toluen, formaldehit ve polisiklik aromatik hidrokarbonlar (PAH'lar) dahil olmak üzere sigara dumanında bulunan birçok aynı kanserojeni içermesidir. Bu bileşikler tütüne özgü değildir; organik maddenin yanmasının yan ürünleridir. İster sigara, ister esrar, isterse bir parça odun yakılsın, bu kimyasallar oluşacaktır. Fark maruz kalmada yatmaktadır: Bir kişi doğrudan esrar veya pipo yoluyla nefes aldığında, akciğerler bu kanserojenlerin yoğunlaştırılmış bir dozuna maruz kalır.

Yaygın bir yanılgı, esrarın katkı maddesi içermediği için tütünden daha "temiz" duman ürettiğidir. Ancak, katkı maddeleri sigara dumanındaki kanserojenlerin birincil kaynağı değildir. Kanserojenler yanma sürecinin kendisinden kaynaklanır. Toksinleri üreten şey, ürüne eklenen kimyasallar değil, yanma işlemidir. Bir bitki en titiz organik tarım yöntemleriyle yetiştirilse bile, yakıldığında dumanı yine de zararlı yan ürünler içerecektir.

Dr. London bir keresinde, evinde kendi esrarını yetiştirdiği için akciğerlerinin korunduğuna ikna olmuş bir hastayı tedavi etmişti. Pestisitlerden, gübrelerden ve katkı maddelerinden kaçındığını gururla anlatmıştı. Ancak taramaları önemli bir iltihaplanma ve solunum yolu hasarının erken belirtilerini ortaya çıkardığında, hastanın şaşkınlığı açıkça hissediliyordu. Dumanının zararlı olamayacağını, çünkü onu özenle kendisinin ürettiğini ısrarla savunuyordu. Dr. London, toksinlerin kaynağının yetiştirme süreci değil, ateşin kendisi olduğunu açıkladığında, hasta sessizce oturup yıllarca kabul etmek istemediği bir gerçeği sindirdi.

Esrar, yanma sırasında amonyak ve hidrojen siyanür gibi bileşikler de üretir. Bu kimyasallar gözleri, boğazı ve solunum yollarını tahriş ederek birçok kullanıcının yaşadığı yanma hissine katkıda bulunur. Bunu takip eden öksürük genellikle deneyimin normal bir parçası olarak yorumlanır, hatta bazıları tarafından "güçlü bir etki"nin işareti olarak kutlanır. Ancak öksürük bir savunma mekanizmasıdır. Akciğerlerin saldırı altında olduğunu ve zararlı maddeleri dışarı atmaya çalıştığını gösterir.

Nefesi ne kadar derin çekerseniz, duman akciğerlerde o kadar uzun süre kalır. Birçok kullanıcıya -yanlış bir şekilde- bu tekniğin THC'nin etkisini yoğunlaştırdığı öğretilmiştir. Gerçekte, THC ilk birkaç saniye içinde emilir. Dumanı tutmak sadece katran ve toksinlere maruz kalmayı artırarak bunların akciğer dokusuna daha derinlere yerleşmesine izin verir. Bu uygulama ayrıca esrar dumanının bir diğer tehlikeli bileşeni olan karbonmonoksit emilimini de artırır. Karbonmonoksit, oksijenden daha etkili bir şekilde hemoglobine bağlanarak dokulara oksijen erişimini azaltır. Zamanla bu, yorgunluğa, dayanıklılığın azalmasına ve uzun vadeli kardiyovasküler zorlanmaya katkıda bulunabilir.
Esrar dumanının kimyasal bileşiminin ötesinde, sıcaklığı da başka bir risk katmanı oluşturur. Yanma sırasında üretilen ısı, solunum yollarını kaplayan hücrelere zarar verecek kadar yoğundur. Bu hücreler, oksijenin kan dolaşımına zahmetsizce geçmesine izin verecek şekilde tasarlanmış, hassas hücrelerdir. Tekrarlanan yüksek sıcaklıklara maruz kalma, bu hücrelerin ölmesine veya işlevsiz hale gelmesine neden olur. Bazı durumlarda, solunum yolları daha fazla mukus üreterek veya astarı kalınlaştırarak kendilerini korumaya çalışır; bu süreç sonuçta hava akışını engeller ve akciğer verimliliğini azaltır.

Esrar dumanındaki toksinlerin gözden kaçan bir diğer kaynağı da, organik olarak etiketlenmiş bitkilerde bile, yetiştirme sürecinin kendisidir. Birçok yetiştirici saflığı hedeflese de, kirlenme toprak, hava ve su yoluyla meydana gelebilir. Kurşun, arsenik ve kadmiyum gibi ağır metaller, kirlenmiş topraktan veya gübrelerden emilen esrar bitkilerinde tespit edilmiştir. Bitki yandığında, bu metaller buharlaşır ve solunan dumana karışır. Daha sonra akciğerlerde ve kan dolaşımında birikerek uzun vadeli toksisiteye katkıda bulunurlar. Dr. London, sigara içmedikleri veya endüstriyel kirliliğe yakın yaşamadıkları halde kanlarında yüksek ağır metal seviyeleri bulunan hasta vakalarını hatırlattı. Birkaç durumda, esrar tek olası kaynak olarak görüldü.
Ayrıca, özellikle uygunsuz şekilde kürlenmiş veya nemli ortamlarda saklanmış esrarda küf ve mantar yaygındır. Küfün yakılması sporlarını etkisiz hale getirmez; bunun yerine, dumana ek tahriş edici maddeler salar. Bu sporların solunması solunum yolu enfeksiyonlarına, ciddi alerjik reaksiyonlara ve nadir durumlarda tedavisi zor mantar enfeksiyonlarına yol açabilir. Bu riskler bağışıklık sistemi zayıflamış kullanıcılarda daha yaygın olsa da, kirlenmiş dumanı soluyan herkes için bir tehdit oluşturur.

Daha güvenli bir alternatif olarak düşünülen elektronik sigara bile bu risklerin çoğunu ortadan kaldırmaz. Elektronik sigara yanmayı önlese de, yağları ultra ince parçacıkları ve uçucu organik bileşikleri açığa çıkaracak kadar yüksek sıcaklıklara ısıtır. Konsantrasyon dumandan farklı olabilir, ancak temel sorun aynı kalır: parçacıkların ve kimyasalların akciğerlere solunması, solunum sisteminin başa çıkmak üzere tasarlanmadığı riskleri beraberinde getirir. Dr. London, tıpkı dumanın akciğerlere verdiği zararı gördüğü gibi, elektronik sigaranın da akciğerlere zarar verdiğini görmüştü, ancak desenler farklıydı. Her iki durumda da kullanıcılar, yanma içermediği için yöntemlerin güvenli olduğuna inanmışlardı.

Esrar dumanının bir diğer önemli yönü de, beyin ötesinde vücutla etkileşime giren kanabinoidler içermesidir. Bu bileşikler akciğerlerdeki bağışıklık savunmasını zayıflatarak enfeksiyonlarla mücadeleyi zorlaştırabilir. Solunum yollarını kaplayan siliya adı verilen küçük tüyler, akciğerlerin temizleme sistemi görevi görür. Ritmik olarak hareket ederek toz, döküntü ve mikroorganizmaları temizlerler. Dumana maruz kalmak bu siliyaları felç eder. Bu geçici donmuş durumda, akciğerler kendilerini temizleme yeteneğini kaybeder. Tekrarlanan maruz kalma bu felci uzatarak toksinlerin ve patojenlerin solunum yollarının daha derinlerine yerleşmesine izin verir. Aylar ve yıllar içinde bu durum kronik iltihaplanmaya katkıda bulunur ve solunum yolu hastalığı riskini artırır.

Esrar dumanının, farklı bir bitkiden geldiği için tütün dumanından doğası gereği daha güvenli olduğu inancı, bilimsel gerçeklerden ziyade kültürel algıya dayanmaktadır. Organik maddelerin yanmasıyla oluşan kimyasallar ayrım yapmaz. Sosyal inançlara göre değil, kimyasal yasalara göre davranırlar. Dr. London, insanların, tanık olduğu akciğer hasarının, neredeyse her başka bağlamda kaçınacakları aynı tür maddelerin (katran, kanserojenler, karbon monoksit, ağır metaller ve uçucu organik bileşikler) solunmasının sonucu olduğunu anlasalar, esrara yaklaşımlarının ne kadar farklı olabileceğini sık sık düşünmüştür.

Akciğerler, hassas zarları ve karmaşık hava yollarıyla, hiçbir zaman herhangi bir tür dumanı filtrelemek için tasarlanmamıştır. Görevleri oksijen ve karbondioksit alışverişi yapmaktır, yanma ürünlerini işlemek değil. Her nefes alış, onları nötralize edemeyecekleri kimyasallarla başa çıkmaya zorlar. Her nefes, zamanla biriken mikroskobik hasara yol açar.

Esrar dumanının içeriği, tıp dergilerinde saklı bir sır değil. Bitki materyalinin yakılmasının öngörülebilir bir sonucudur. Toksinler, bitki kimyasallar kullanılmadan yetiştirildiği için ortadan kaybolmaz. Katran, kullanıcının deneyimin zararsız olduğuna inanması nedeniyle çözünmez. Kanserojenler, kültürün esrarı doğal olarak göstermesi nedeniyle yok olmaz. Ateş, organik maddeyi akciğerlerin güvenle işleyemeyeceği maddelere dönüştürür.

Esrar dumanının içeriğini en temel düzeyde anlamak, algının ötesinde gerçeği kabul etmektir. Doğal bir bitkinin yakıldığında insan vücudunda doğal olmayan sonuçlar doğurduğunu fark etmektir. Ve hiçbir pazarlama, kültür veya kişisel inancın yanma kimyasını değiştiremeyeceğini anlamaktır.

Bölüm 10 – Kararmış Akciğerler: Cerrahların Sık Esrar Kullananlarda Gördükleri Bulgular

Ameliyathane, yanılsamaları ortadan kaldırmanın bir yoluna sahiptir. Hastane duvarlarının dışında insanlar inançlara tutunurlar; bazıları kültürel, bazıları nesiller arası, bazıları ise pazarlama veya hayalperestlikten kaynaklanır. Ancak ameliyathanenin içinde gerçek, şüphe götürmez bir şekilde kendini gösterir. Cerrahlar, bedenlerin yalan söylemediğini çabucak öğrenirler. Yıllar içinde sessizce biriken her alışkanlığı, solunan her maddeyi, her yaşam tarzı kararını ortaya çıkarırlar. Dr. Jeremy London, birinin esrar dumanının zararsız olduğunu ne kadar güvenle iddia ederse etsin, açtığı akciğerlerin çok farklı bir hikaye anlattığını sık sık dile getirirdi. Açık bir göğsün üzerinde dururken, kanıtlar tam önündeydi; çarpıcı, inkar edilemez ve çoğu zaman "sağlıklı" seçimler yaptıklarına inanan hastalar için bile şok ediciydi.

Yirmi beş yılı aşkın bir süredir, ortaya çıkan bir örüntüyü gözlemlemişti. Her şey, ilk başta alışılmadık, hatta şaşırtıcı gelen bireysel vakalarla başladı. Kırklı yaşlarının başlarında, hiç sigara içmemiş ama acil servise ter içinde, göğsünde sol koluna yayılan şiddetli bir ağrıyla gelen genç bir adam. "Doğal bir yaşam tarzı" sürdürdüğünü ve işlenmiş gıdalardan, alkolden ve tütünden uzak durduğunu iddia etmesine rağmen, minimal bir efordan sonra nefes almakta zorlanan, ellili yaşlarının başındaki bir kadın. Sabah koşusu sırasında yere yığılan, zayıf, atletik bir üniversite öğrencisi; görüntüleme sonuçları, genellikle kendisinden iki kat daha yaşlı insanlarda görülen ciddi koroner tıkanıklıkları ortaya çıkardığında herkesi şaşkına çevirdi. Hikayeleri birbirinden çok farklıydı, ancak onları birbirine bağlayan bir detay vardı: düzenli esrar kullanımı.
Bu hastaların çoğu, esrarın daha güvenli bir seçenek, organik bir alternatif, zararsız bir duman olduğuna tüm hayatları boyunca inanmıştı. Birçok konuşma aynı duyguyu yansıtıyordu; "Doğal", "Sadece bir bitki" veya "Sigara gibi değil" gibi ifadeler bir tür kültürel kesinlikle ortada dolaşıyordu. Ancak Dr. London göğüs boşluklarını açıp onları hayatta tutan dokulara doğrudan baktığında, buldukları bu varsayımları tekrar tekrar sorguladı. Bir zamanlar pembe ve süngerimsi olması gereken akciğerler, doku kıvrımlarına yerleşmiş derin kurum taşıyordu. Kararmış çizgiler, yıllarca solunan dumanı haritalayan ince desenler halinde dışa doğru dallanıyordu. Bu akciğerler, çoğu zaman ömür boyu sigara içenlerin akciğerlerinden farklı değildi, hatta bazen daha da kötüydü.

Özellikle bir hastayı çok net hatırlıyordu; nefes darlığı ve göğüs rahatsızlığı giderek kötüleşen kırk beş yaşında bir adamdı. Hasta "temiz" bir hayat yaşadığını ısrarla söylüyordu ve sigara içme konusunda sorulduğunda, hiç sigara içmediğini kendinden emin bir şekilde yanıtladı. Ancak daha fazla sorgulamadan sonra, rahatlamak için her gece, bazen hafta sonları daha fazla olmak üzere esrar kullandığını itiraf etti. Bunu sanki hiçbir önemi yokmuş gibi sıradan bir şekilde anlattı. Sosyal çevresindeki herkes kullanıyordu. Ona, başkaları için her gece bir kadeh şarap içmek kadar normal geliyordu. Hatta esrarın "sadece bir bitki" olduğunu açıklayarak, tütünün zararlı etkilerinden kendisini koruduğuna inanıyordu.

Ameliyat odasında, göğüs kemiği açılıp akciğerler görünür hale geldiğinde, gördüğü manzara inancının her yönüyle çelişiyordu. Bir cerrahın görmeyi umduğu yumuşak, pembe renkli yüzey yerine, akciğerleri kömür grisi bir renkteydi. Dokunulduğunda, siyah parçacıklar hafif bir toz bulutu gibi yükseliyor, neredeyse algılanamaz ama kesinlikle mevcuttu. Dokular birbirine yapışmış, katranla yapış yapış olmuştu. Kalbi besleyen atardamarlarda o kadar kalın plaklar vardı ki, kan neredeyse geçemiyordu. Bu da, genellikle on yıllarca kalp riski taşıyan yaşlı hastalar için ayrılan bir işlem olan bypass greftleme gerektiriyordu. Cerrahi ekip hızla çalıştı, ancak deneyimli profesyoneller için bile, hastanın kendi algısı ile göğüs boşluğunun durumu arasındaki görsel zıtlık kalıcı bir izlenim bıraktı.

Onun gibi vakalar tekrar tekrar yaşandı. Bazen bu kişiler fiziksel olarak formda, hatta kaslı görünüyordu. Genellikle gençliklerinin veya temiz beslenmelerinin onları riskten koruduğunu varsayıyorlardı. Ancak esrar dumanı sessizce solunum sistemlerine girmiş ve göğüs açıldığında çıplak gözle görülebilen bir hasar izi bırakmıştı. Kaynağı ne olursa olsun, yanmış organik madde, bronşları kaplayan, alveollerin derinliklerine yerleşen ve oksijenden başka hiçbir şeyle karşılaşmaması gereken dokuları karartan partikül kalıntıları bırakmıştı. Dr. London sık sık, akciğerlerin dumanın elle sarılmış bir sigaradan mı yoksa evde yetiştirilmiş bir esrar tomurcuğundan mı geldiğini umursamadığını söylerdi. Duman, duman olarak kalır. Ameliyathane dışında bekleyen ailelerin hayal kırıklığını ve kafa karışıklığını da görmüştü. Birçok akraba, esrarın zararsız olduğu fikrine güvenle inanıyordu. Sevdiklerinin uzun süreli tütün kullanımına bağlı acil müdahalelere ihtiyaç duyduğunu öğrendiklerinde, çoğu zaman inanmazlıkla karşılık veriyorlardı. Bir keresinde bir kadın, kocasının akciğerlerinin neden "neredeyse siyah" olarak tanımlandığını sormuştu, çünkü hayatında hiç tütün sigarası içmemişti. Cümlesini bitirene kadar bilginin değişebileceğini umarak bunu birkaç kez tekrarladı. Cerrah, özellikle uzun yıllar boyunca alışkanlık haline getirilmiş esrar solunmasının, akciğer dokularını önemli ölçüde değiştirecek kadar katran, kanserojen madde ve mikroskobik kül içerdiğini açıkladığında, kadının kafa karışıklığı şaşkın bir sessizliğe dönüştü.

Bazı vakalar daha uç noktadaydı ve kronik ve yoğun esrar kullanımının organlarda şok edici derecede ileri bir bozulmaya yol açtığını gösteriyordu. Ellili yaşlarının başlarında bir adam, hızla şiddetlenen şiddetli göğüs ağrısıyla geldi; yirmi dakika içinde solgun, terli ve neredeyse bilinçsiz hale gelmişti. Görüntüleme, çok sayıda koroner tıkanıklığı ortaya çıkardı ve derhal ameliyat yapılması gerekti. Ameliyat sırasında Dr. London, akciğerlerinin sadece kararmış değil, hilum çevresinde neredeyse kömür renginde olduğunu ve kalbi besleyen arterlerin, gelişmesi on yıllar sürmesi gereken bir kalsifikasyon derecesi gösterdiğini buldu. Cerrahi ekip, sertleşmiş damarların etrafında ilerlerken zorlandı. Ameliyattan sonra, hasta stabil hale geldiğinde, cerrah aileyle konuştu ve üniversiteden beri her gün esrar kullandığını öğrendi. Aile şok oldu ve bu tek alışkanlık dışında sağlıklı bir yaşam tarzı sürdürdüğünü ısrarla belirtti. Ancak cerrah için bu bağlantı uzun zamandır tahmin edilebilirdi.

Yirmi yılı aşkın süredir kalp ve akciğer ameliyatları yapan Dr. London, yıllarca esrar dumanına maruz kalmış akciğerlerin karakteristik bir görünümünü fark etmişti. Bazı hastalarda kurumun düzensiz bir şekilde yerleştiğini, muhtemelen solunum şekillerinden dolayı üst loblarda katranın daha yoğun bir şekilde biriktiği yamalar oluşturduğunu gözlemledi. Alveollerin hasar gördüğünü ve gerildiğini, bu tür yapısal değişiklikler için çok genç olan kişilerde amfizemin erken belirtilerinin ortaya çıktığını gördü. Hücre zarları genellikle kronik inflamatuar yanıtla tutarlı bir tahriş gösteriyordu. Bazı vakalarda, akciğer dokusu daha yoğun ve daha az esnek hissediliyordu, sanki sıcak dumana tekrar tekrar maruz kalmaktan sertleşmiş gibiydi. Eğitimli bir gözün görebileceği bu ayrıntılar, zararsız "organik" duman efsanesinden çok uzak bir tablo çiziyordu.

En düşündürücü keşiflerden biri, hem esrar hem de tütün kullanan ve esrarın sigaraların zararlı etkilerini bir şekilde hafiflettiğine inanan hastalardan geldi. Akciğerlerinde genellikle çift katmanlı hasar görülüyordu: tütünden kaynaklanan tahmin edilebilir katran birikintileri ve esrardan kaynaklanan reçineli, yapışkan birikim. Bu kombinasyon, akciğer dokusunun düzgün bir şekilde genişlemesini engelliyordu. Kronik iltihaplanma, akciğerlerin göğüs duvarına hafifçe yapışmasına neden olduğu için, cerrahi aletler bazen kaburgaları ayırırken dirençle karşılaşıyordu. Bu gibi durumlarda, dokunun ayrılma sesi bile odada yankılanan ağır bir kesinlik taşıyordu; yıllarca süren yavaş, birikimli hasarın bir hatırlatıcısıydı.

Genç hastalar farklı bir nedenle dikkat çekiyordu. Birçoğu, yargılanmaktan korktukları veya önemsiz olduğunu düşündükleri için esrar kullanımını itiraf etmekte tereddüt ediyordu. Dr. London, iş yerinde bayıldıktan sonra gelen yirmi sekiz yaşında bir adamı hatırladı. Arkadaşları onun sağlıklı, atletik ve temiz bir yaşam tarzı sürdürdüğünü ısrarla söylüyordu. Ameliyat sırasında cerrah, akciğerlerinde şaşırtıcı birikintiler buldu: dokunun derinliklerine yerleşmiş siyah partikül kümeleri. Atardamarlarında ise kırklı yaşlarındaki birine daha çok benzeyen plak oluşumları vardı. Aile daha sonra bilgilendirildiğinde, inanmaz bir şekilde, sadece "doğal esrar" içtiğini ısrarla belirtti. Ancak göğsündeki kanıtlar, her varsayımı çürüten bir hikaye anlatıyordu.

Yıllar içinde biriken bu deneyimler, tıp alanı dışındakilerin tam olarak anlamadığı bir gerçeği pekiştirdi. Dr. London'ın tedavi ettiği esrar kullanıcılarının çoğu kendilerini hiçbir zaman "sigara içen" olarak görmemişti. Bu etiketi kasıtlı olarak reddediyor, sadece tütünle ilişkilendiriyorlardı. Bu psikolojik ayrım, hala yanmış madde soludukları gerçeğini görmelerini engelliyordu; yoğun, sıcak, kimyasal yüklü duman, katran, kanserojenler ve ince partikül maddeleri hassas solunum yollarına taşıyordu. Milyonlarca yıldır sadece oksijen değişimi için optimize edilmiş insan akciğerinin, yanmış bitki kalıntılarını filtrelemek veya nötralize etmek için yerleşik bir mekanizması yoktur. Her nefes alma mikro yaralanmalara neden oluyor ve bu yaralanmaların birikimi sonunda cerrahın gördüğü dokularda kendini gösteriyordu.

Kariyeri boyunca ameliyat odalarında Dr. London, cerrahlar arasında esrarın akciğerleri temiz veya hasarsız gösterdiğine dair konuşmalara nadiren rastladı. Göğüs boşluklarının içinde günlerini geçirenler arasında ise kamuoyu algısından çok farklı bir görüş hakimdi. Cerrahlar, anestezistler, göğüs hastalıkları uzmanları -organ sistemleriyle doğrudan etkileşimde bulunanlar-esrar dumanının gözle görülür hasara neden olduğu ve etkilerinin genellikle hastaların tahmin ettiğinden daha erken ortaya çıktığı konusunda hemfikirdi.
Özellikle akılda kalıcı bir vaka, kırklı yaşlarının başlarında olan ve muayene boyunca esrarın kendisine "sakin kalmasına", "stresi yönetmesine" ve "alkolden uzak durmasına" yardımcı olduğunu ısrarla savunan bir adamla ilgiliydi. Esrarı, zihinsel sağlığını destekleyen koruyucu bir araç olarak görüyordu. Ancak ani bir kalp krizi geçirdiğinde, acil servis ekibi ciddi koroner arter hastalığı olduğunu keşfetti. Ameliyat sırasında, akciğerlerinde, özellikle üst loblara yakın bölgelerde, koyu siyah bir tabaka olduğu görüldü. Dr. London, kan akışını yeniden sağlamak için damarları dikip greftlerken, kişisel anlatıların biyolojik gerçeklerle ne sıklıkla çeliştiğini düşündü. Hasta iyileşti, ancak bu deneyim esrarın etkilerine dair anlayışını kalıcı olarak değiştirdi.

Altmışlı yaşlarında bir üniversite profesörü olan başka bir hasta, on yıllarca ara sıra esrar içmişti; bağımlı olmadığı veya aşırı tüketmediği için güvenli olduğuna inanıyordu. Karmaşık bir bypass ameliyatı geçirdi ve sonrasında, cerrahi ekip akciğerlerinin durumunu açıkladığında, şaşkınlık içinde sessizce dinledi. Esrar kullanımını savunan erken dönem kültürel hareketlerin bir parçası olduğunu, bunun tütün veya alkolden çok daha nazik olduğuna inandığını belirtti. İyileşme sürecinde öğrendiği bilgiler, kırk yıldan fazla süredir sahip olduğu inançlarını alt üst etti. Daha sonra kısık bir sesle söylediği gibi, kendi akciğerlerinin kendisine hayatının çok daha erken bir döneminde gösterilmiş olmasını diledi.

Bu tür hikayeler, Dr. London'ın kamuoyuna açıklama yapma ve başkalarını eğitme motivasyonunu şekillendirdi. Ameliyat sırasında gördükleriyle halkın inandıkları arasındaki kopukluk her geçen yıl daha da büyüdü. Sosyal medya, esrarı tamamen güvenli bir alternatif olarak görme fikrini teşvik etti ve yasallaştırma kampanyaları genellikle sigara içmeyle ilgili riskleri küçümsedi. Bu arada, ameliyat ettiği akciğerler açık ve tutarlı bir tablo ortaya koydu: Esrar dumanına tekrar tekrar maruz kalmak fiziksel izler bıraktı, işlev bozukluğuna yol açtı ve yaşamı tehdit eden kalp rahatsızlıklarına neden olan tıkanıklıklara katkıda bulundu.

Kültürel algı ile tıbbi gerçeklik arasındaki zıtlık onu derinden rahatsız ediyordu. Cerrahlar ameliyatlar sırasında tıbbi efsaneleri tartışmakla vakit geçirmezler; buldukları şeyi onarmaya odaklanırlar. Ancak yıllar geçtikçe ve vakalar biriktikçe, içinde bir aciliyet duygusu büyüdü. Çok fazla insan bir yanılsamaya güvendi. Çok fazla insan esrarın doğal olduğu için zararsız olduğuna inandı. Ve çok fazla insan, sonuçlar ortaya çıktığında -bazen ölümcül şekilde- şok oldu.

Her esrar kullanıcısı aynı derecede hasar görmez, ancak örüntü açıkça ortadaydı. Zamanla, duman akciğerleri yeniden şekillendirdi, yüzeyleri kapladı, solunum yollarını tıkadı ve atardamarlarda plak oluşumuna katkıda bulundu. Bunlar istatistiklerin ardında gizlenmiş soyut riskler değildi. Bunlar, Dr. London'ın eldivenli ellerinde tuttuğu, cerrahi ışıklarla aydınlatılmış, çok daha önce korunabilecek hayatları kurtarmak için çalıştığı fiziksel gerçeklerdi.

Gördüğü kararmış akciğerler sessiz tanıklıklardı. Kamuoyu tartışmalarında nadiren dile getirilen gerçeği anlatıyorlardı. "Organik" etiketinin dumanın zararlarını ortadan kaldırmadığını ortaya koyuyorlardı. Bir şeyin güvenli olduğuna inanmanın onu gerçekten güvenli yapmadığını gösteriyorlardı. Ve okuyucuların akıllarında tutmasını umduğu kritik bir mesajı pekiştiriyorlardı: Akciğerler solunan her şeyi hatırlar ve zamanla gerçeği ortaya çıkarırlar; hatta akciğerlere sahip olan insanlar hasarın nefes nefese biriktiğini asla fark etmeseler bile.

Bölüm 11 – Kronik Bronşit, Solunum Yolu Hasarı ve Esrar Öksürüğü

Akciğerlerde bir sorun olduğuna dair ilk işaret nadiren dramatik olur. Genellikle hava yolunun çökmesi, ani nefes darlığı veya acil servise dramatik bir ziyaretle başlamaz. Daha sıklıkla, en erken uyarı küçük bir rahatsızlık olarak gizlenir: alışkanlık haline gelen ara sıra öksürük, her sabah ortaya çıkan az miktarda balgam, kuruluk veya yorgunluktan başka bir şey olarak görülmeyen hırıltı. Yıllarca Dr. London, esrar kullananların bu erken belirtileri nasıl önemsemediklerini, bunların zararsız veya geçici olduğuna nasıl inandıklarını gözlemlemişti. Bazı hastalar öksürüklerinin soğuk havadan, alerjilerden veya susuzluktan kaynaklandığını iddia ediyordu. Diğerleri ise sadece "çok fazla nefes çektiklerinde" olduğunu söylüyordu. Çok azı, kronik bronşitin başlangıcını yaşadıklarını anlıyordu; bu durum sessizce gelişir ve teşhis konulmadan çok önce akciğerlerin içinde şekillenir.

Dr. London, hastayı muayene etmeden önce bile esrar öksürüğünün ayırt edici sesini tanımayı öğrenmişti. Belirgin bir ritmi, solunum yollarında inatla biriken mukusun ürettiği derin, hırıltılı bir sesi vardı. Kliniğine gelen hastaların çoğu bu öksürüğü farkında olmadan taşıyordu. Oturup tıbbi sorunlarını anlatmaya başladıklarında, genellikle boğazlarını temizleme çabalarını, gece boyunca göğüste birikmiş gibi görünen kalıntıları dışarı atmaya çalıştıklarını duyuyordu. Bazıları bunu "sabah rutini" diyerek geçiştiriyordu. Diğerleri ise küçük bir rahatsızlık olarak görüp elini savuşturuyordu. Ancak bu kayıtsız tavrın altında, sıcak dumana tekrar tekrar maruz kalmanın neden olduğu yıllarca süren tahriş, iltihaplanma ve hücresel değişiklikler yatıyordu.

Onu en çok etkileyen vakalardan biri, yirmili yaşlarının sonlarında olan Lila adında genç bir kadındı. Lila, yorgunluk ve nefes darlığı şikayetiyle kliniğe gelmişti, ancak genel olarak sağlıklı olduğunu ısrarla belirtiyordu. Temiz bir yaşam tarzı sürdürdüğünü, düzenli egzersiz yaptığını ve tütünden tamamen uzak durduğunu söyledi. Ancak konuşurken sürekli öksürüyor ve utanç içinde ağzına bir mendil bastırıyordu. Bu belirtileri ne kadar süredir yaşadığı sorulduğunda, öksürüğün neredeyse üç yıldır devam ettiğini itiraf etti. Günlük olarak esrar kullanan biri için bunun "normal" olduğunu varsaymıştı. Birçokları gibi o da öksürüğün deneyimin bir parçası, bir uyarı işareti değil, bir rahatsızlık olduğuna inanıyordu.

Akciğer fonksiyon testleri, obstrüktif hava yolu hastalığının erken belirtilerini ortaya çıkardı. Bronkoskopi yapıldığında, kamera bronş duvarlarına yapışmış mukus izleriyle dolu, kızarmış ve şişmiş hava yollarını gösterdi. Dokular olması gerekenden daha kalın görünüyordu, pürüzsüz astarın yerini tekrarlayan travmayı düşündüren tahriş olmuş yüzeyler almıştı. Bu kadar genç yaşta kronik bronşitin başlangıcına sahip olduğunu öğrenince şok oldu.

Onun gibi hikayeler o kadar sık tekrarlandı ki, bir kalıp oluşturmuş gibiydiler. Dr. London, sayısız esrar kullanıcısının semptomlarını normalleştirmesini izledi. Egzersiz yaparken öksürüyorlar ve bunu hafife alıyorlardı. Her sabah göğüsleri mukus dolu olarak uyanıyor ve vücutlarının "toksinleri temizlediğini" varsayıyorlardı. Birçoğu, yaşadıklarının aslında yıllar içinde biriken yapısal hava yolu hasarı olduğunun farkında olmadan, tahrişin geçici ve kısa süreli olduğuna inanıyordu.

Dumanın ısısı önemli bir rol oynadı. Esrar yüksek sıcaklıklarda yanar ve solunan duman her nefeste bronşlara ve bronşiyollere kadar ulaşır. Akciğerlerin işlemek üzere tasarlandığı serin, filtrelenmiş havanın aksine, bu sıcak, partikül bakımından zengin duman, her seferinde hava yolu astarlarına zımpara kağıdı gibi çarpar. Vücut, kendini koruma girişiminde bulunarak, savunma önlemi olarak iltihaplanmayı tetikler. Kan damarları genişler, dokular şişer ve yabancı parçacıkların alveollere ulaşmadan önce yakalanması için mukus üretimi önemli ölçüde artar. Ancak bu döngü gün geçtikçe tekrarlandığında, koruyucu süreç patolojik hale gelir. Hava yolları kalınlaşır, skar dokusu oluşur ve bronş duvarları düzgün bir şekilde genişleyip daralma yeteneğini kaybeder. Bir savunma mekanizması olarak başlayan şey, yavaş yavaş kronik bir hastalığa dönüşür.

Bazı hastalar nefes darlığı çekmediklerini ısrarla belirtse de, Dr. London birçok hastanın bu belirtileri fark etmediğini biliyordu. Hastalar, nedenini bilinçli olarak anlamadan aktivitelerini değiştiriyor, merdivenleri daha yavaş çıkıyor veya yorucu egzersizlerden kaçınıyorlardı. Diğerleri ise hırıltıyı, havanın daralmış geçitlerden geçmekte zorlandığının bir işareti olarak değil, zararsız bir ses olarak yorumluyordu. Ne sıklıkla öksürdükleri sorulduğunda, birçoğu artık öksürmedikleri bir zamanı hatırlamadıkları için belirsiz bir şekilde yanıt veriyordu. Onlar için öksürük, kimliklerinin bir parçası haline gelmiş, günlük yaşamlarına sessizce işlemişti.

Özellikle bir vaka, inkârın semptomların ciddiyetini nasıl gizleyebileceğini gösterdi. Victor adında otuzlu yaşlarının ortalarında bir adam, sürekli göğüs sıkışması fark ettikten sonra rutin bir kontrole geldi. Üniversiteden beri esrar kullanıyor ve her gün birden fazla sigara sarıyordu. Öksürüğünün normal olduğunu, çünkü "tanıdığım esrar içen herkesin aynı şeyi yaşadığını" ısrarla belirtti. Konuşurken, muayene odasında yankılanan öksürüklerle kendini sürekli bölüyordu. Balgam çıkarıp çıkarmadığı sorulduğunda, kuru havaya basit bir tepki olduğunu varsayarak, her sabah lavaboya tükürdüğünü söyledi. Ancak görüntüleme yapıldığında, hava yollarında uzun süreli bronşitle uyumlu kalınlaşma ve iltihaplanma görüldü. Akciğer kapasitesi, yaşına göre beklenenden yaklaşık %20 daha düşüktü. Bu bulgu onu şaşırttı, çünkü ipuçları yıllardır mevcuttu.

Dr. London, hastalarına akciğerlerin duman kaynakları arasında ayrım yapmadığını, içeri giren şeye tepki verdiğini anlatmak için sayısız saat harcadı. Sıcak, partikül dolu havaya tekrar tekrar maruz kalındığında, dokular iltihaplanma ile yanıt verir. Zamanla bu, bronş tüplerinin şekil ve kalınlık değiştirdiği bir süreç olan hava yolu yeniden şekillenmesine yol açar. Düz kas tabakaları sertleşir, bu da akciğerlerin tamamen genişlemesini zorlaştırır. Mukus bezleri büyür ve vücudun kolayca temizleyebileceğinden daha fazla balgam üretir. Her nefes alışı giderek daha az verimli hale gelir. Her nefeste biraz daha az oksijen taşınır. Ve her yıl iyileşme kapasitesi azalır.

Bazı hastalar, bong, pipo veya buharlaştırıcı kullanmanın kendilerini koruyup korumayacağını sordu. Bu araçların zararlı maddeleri filtrelediğine inanıyorlardı. Ancak gerçek şu ki, kullanım yöntemi ne olursa olsun, yakılan bitki materyali aynı tahriş edici yan ürünleri oluşturuyordu: katran, karbonmonoksit, amonyak, azot oksitler ve solunum yolunun derinliklerine yerleşen mikroskobik parçacıklar. Bunu takip eden öksürük, vücudun bu istilacıları dışarı atma girişimiydi. Ancak iltihaplanma kötüleştikçe, öksürük daha az etkili ve daha kronik hale geldi.

Dr. London, pahalı ekipmanların akciğerlerini koruduğu yanılgısına kapılan bir hastayı hatırladı. Otuz iki yaşında bir yazılım geliştiricisi olan hasta, kendini "üstün kaliteli türlerin uzmanı" olarak tanımlıyordu. Yüksek kaliteli cam eşyalara yatırım yapmış ve yalnızca "saf, yüksek kaliteli" kenevir kullanmakla gurur duyuyordu. Partneri, geceleri hırıltılı nefes aldığını duyduktan sonra muayene olması için ısrar edince kliniğe gelmişti. Hırıltılı nefesin "sadece türün güçlü olmasından" kaynaklandığını söyleyerek belirtilerini önemsemedi. Muayene sırasında neredeyse sürekli boğaz temizleme gösterdi ve akciğer testleri hafif obstrüktif hastalığı ortaya çıkardı. Sonuçlar gösterildiğinde şaşkına döndü ve "tamamen doğal otun" akciğerlerine zarar veremeyeceğine inandığını söyledi. Ancak solunum yolları farklı bir hikaye anlatıyordu: tekrarlayan tahriş ve kronik iltihaplanma.

Dr. London ayrıca, solunum yollarının soğuk hava veya fiziksel efor gibi küçük tetikleyicilere yoğun tepki verdiği bir durum olan solunum yolu aşırı duyarlılığı geliştiren bireylerle de karşılaştı. Birçok esrar kullanıcısı, soğuk bir sabahta koşarken veya merdiven çıkarken göğüs sıkışması hissettiklerini bildirdi. Bazıları, anlık olarak nefes alamayacak kadar şiddetli öksürük nöbetleri geçirdiklerini anlattı. Bu nöbetler onları genellikle korkuttu, ancak tahrişin geçici veya ilgisiz olduğuna inanarak sigara içmeye devam ettiler. Zamanla, bu solunum yolu spazmları, özellikle kronik bronşit ile birleştiğinde kötüleşebilir.

Kırklı yaşlarında bir müzisyen olan bir hasta, gençlik yıllarından beri esrar kullanıyordu. On yıllarca semptomlarını önemsemedi ve sürekli öksürüğünü "çok fazla şarkı söylemeye" bağladı. Bir performans sırasında korkutucu bir nefes darlığı nöbeti geçirdikten sonra kliniği ziyaret ettiğinde, görüntüleme yöntemleri hava yollarında önemli bir daralma olduğunu gösterdi. Bronkoskopi, zamanla kalınlaşmış kronik olarak iltihaplanmış bronş duvarlarını ortaya çıkardı. Mukus bezleri büyümüş ve aşırı aktifti, vücudunun temizlemekte zorlandığı sürekli bir salgı akışı oluşturuyordu. Bulgular kendisine açıklanırken sessizce dinledi. Esrarın akciğerler için nazik olduğuna her zaman inandığını, kalıcı hasara yol açabileceğini asla hayal etmediğini itiraf etti.

Yıllar geçtikçe, Dr. London aynı varsayımların tekrarlandığını duymaya alıştı. Birçok hasta, esrarın uzun vadeli zarara değil, yalnızca geçici tahrişe neden olduğuna inanıyordu. Doğal bir bitkiden geldiği için tütünden daha güvenli olduğunu ısrarla savunuyorlardı. Sigara içerken öksürmenin altta yatan bir hasarın belirtisi değil, sadece ritüelin bir parçası olduğuna inanıyorlardı. Ancak yüzlerce akciğer görüntülemesini, testini ve cerrahi bulgusunu incelediğinde, düzenli kullananlarda kronik bronşit belirtilerinin giderek arttığını gördü. İltihaplanma, kalınlaşma ve mukus birikimi zamanla ortadan kaybolmuyordu. Akciğerin yapısına karışarak hava akışını azaltıyor ve yaşam kalitesini düşürüyordu.
Ağır vakalarda, hastalar akciğerlerinin yardımsız mukusu tamamen temizleyemeyeceği bir noktaya ulaştılar. Bazıları göğüs fizyoterapisi, bronkodilatörler veya steroid tedavilerine ihtiyaç duydu. Diğerleri ise bir zamanlar zahmetsizce yaptıkları günlük aktiviteleri, hafif bir efor sarf ettiklerinde bile nefes darlığı çekerek sürdürmekte zorlandılar. Bir zamanlar zararsız olarak gördükleri esrar kaynaklı öksürük, solunum yolu hasarının sürekli bir hatırlatıcısı haline geldi.
Kronik bronşitin kümülatif etkisi enfeksiyonlara karşı savunmasızlığı da artırdı. Mukus solunum yollarında biriktiğinde, bakteriler için üreme alanı oluşturdu. Dr. London, sık sık tekrarlayan bronşit enfeksiyonları olan esrar kullanıcılarını tedavi etti ve her enfeksiyon atağı zaten iltihaplı olan solunum yollarını daha da tahriş etti. Bazı durumlarda, bu hastalar yaşlarına göre beklenenden daha kolay zatürre geliştirdiler. Kronik iltihaplanmanın yükü altında kalan akciğerleri, yeni zorluklara karşı koyacak dirençten yoksundu.

Ancak belki de en çarpıcı yönü, hastaların yardım aramadan önce ne kadar uzun süre beklemeleriydi. Birçoğu yıllarca semptomlarla yaşadı ve bunları sigara içme rutinlerinin normal bir parçası olarak mantıklı hale getirdi. Gençliklerinin onları koruduğuna inanıyorlardı. "Herkes sigara içerken öksürür" diye düşünüyorlardı. Esrar dumanının akciğerlerde tütün dumanından farklı davrandığına inanıyorlardı. Yine de Dr. London her gün bu inançların gerçeği nasıl gizlediğini görüyordu.

Akciğerler hassas organlardır; oksijen ve karbondioksit değişimi gibi basit bir görev için tasarlanmış yumuşak, pembe yapılardır. Sıcak dumanı, katranı veya mikroskobik kalıntıları filtrelemek için asla tasarlanmamışlardır. Esrar dumanı içeri girdiğinde, iltihaplanmanın savaşmaya çalıştığı ancak nihayetinde ortadan kaldıramadığı bir kalıntı bırakır. Zamanla, solunum yolu astarları şişer, kalınlaşır ve değişir. Bunu takip eden öksürük zararsız bir yan etki değildir; vücudun rahatlama için yalvarışıdır.

Dr. London, hastalarına solunum yollarının içini bir cerrahın gördüğü gibi, görüntüleme yöntemlerinin ortaya koyduğu şekilde gösterebilmeyi sık sık arzu ederdi. Şişmiş bronş tüplerini, sürekli mukusu, tahriş olmuş hücreleri ve geçitlerin giderek daralmasını görselerdi, kronik bronşit kök salmadan çok önce semptomlarının ciddiyetini anlayabileceklerine inanıyordu. Ancak çoğu hasta, günlük yaşamları belirgin şekilde etkilenmeye başladığında -merdiven çıkmak zorlaştığında, öksürük nöbetleri daha sıklaştığında veya hafif bir efordan sonra nefesleri ağırlaştığında- gerçekle yüzleşir.

On yıllarca süren klinik uygulamaları sonucunda, esrar kullananlarda kronik bronşitin nadiren aniden ortaya çıktığını öğrendi. Bunun yerine, yavaş yavaş sinsice ilerler, yıllar içinde gelişir ve "doğal olan güvenlidir" şeklindeki yanlış inancın altında gizlenir. Dokuya yerleşir, her nefes alışta, her öksürükte, her sabah boğazı temizlemekle geçen sürede solunum yollarını yeniden şekillendirir.

Esrar kültürü rahatlamayı, yaratıcılığı ve sakinliği kutlamaya devam ederken, akciğerler sessizce yükü taşıyor ve mukus, iltihaplanma ve daralmış geçitler yoluyla kendi hikayelerini ortaya koyuyor. Sonuç olarak, her öksürük bir mesaj, her hırıltı bir uyarı ve her nefes, kaynağı ne olursa olsun, akciğerlerin tekrarlanan duman maruziyetinin sonuçlarından kaçamayacağının bir hatırlatıcısı haline geliyor.

Bölüm 12 – Esrar ve Tütün Dumanı: Sandığınızdan Daha Benzer

Yıllarca, esrar dumanının tütün dumanından bir şekilde daha temiz, daha yumuşak ve daha güvenli olduğu fikri, gündelik sohbetlerde, üniversite toplantılarında, sosyal medya paylaşımlarında ve hatta kliniklerin bekleme odalarında tekrarlandı. Sanki tartışılmaz bir gerçekmiş gibi, bir kullanıcıdan diğerine halk efsanesi güveniyle aktarıldı. İnsanlar bunun "sadece bir bitki" olduğunu, dumanının "doğal" olduğunu veya tütünün katkı maddeleri ve kimyasallar içerdiği için sigara gibi akciğerlere zarar veremeyeceğini iddia ettiler. Ancak ameliyathanelerde ve tanı laboratuvarlarında çok farklı bir hikaye ortaya çıktı; sık sık esrar kullananların akciğerleri, on yıllarca tütün kullanımından zarar görmüş akciğerlere endişe verici derecede benziyordu. Ve bilimsel açıdan bakıldığında, yanma yanmaydı; bir bitki yakıldıktan sonra, ortaya çıkan duman, bitkinin organik, yasal, eğlence amaçlı veya ritüel amaçlı olup olmadığına çok az önem veren, tahmin edilebilir kimyasal kalıpları izliyordu.

Esrar ve tütün dumanı arasındaki karşılaştırma genellikle moleküler düzeyde başlardı; yanan herhangi bir bitki materyali, katran, kanserojenler, polisiklik aromatik hidrokarbonlar, karbon monoksit ve ince partikül madde içeren bir toksin karışımı üretirdi. Bir esrar sigarasından veya sigaradan yükselen dumanın içinde, akciğer dokusuna yapışan, solunum yollarını iltihaplandıran, bronşları tahriş eden ve hücresel hasara yol açan bileşikler bulunurdu. Çalışmalar, esrar dumanının tütün dumanında bulunan zararlı maddelerin çoğunu, hatta kenevir bitkisinin yapısı ve yanma sıcaklığı nedeniyle bazen daha yüksek konsantrasyonlarda içerdiğini defalarca göstermiştir. Yine de çoğu kullanıcı, esrarın bu uyarılardan bir şekilde muaf olduğuna inanmaya devam etti.

Yanlış anlamanın bir kısmı, her maddenin ardındaki amaçtan kaynaklanıyordu. Tütün, onlarca yıldır yaygın olarak zararlı olarak kabul ediliyordu; kapsamlı araştırmalar ve agresif halk sağlığı kampanyalarıyla akciğer kanseri, kalp hastalığı ve kronik obstrüktif akciğer hastalığı ile ilişkilendirilmişti. Esrar ise, kültürel olarak rahatlama, yaratıcılık, tıbbi kullanım ve gençlikle ilişkilendiriliyordu. İnsanlar onu endüstriyel bağımlılık merceğinden değil, doğal bir bitki olarak görüyorlardı. Ancak akciğerler niyet arasında ayrım yapmıyordu. Dumanı, ısıyı ve partikül maddeyi aynı şekilde alıyorlardı ve ardından gelen biyokimyasal reaksiyonlar her iki madde için de şaşırtıcı derecede benzerdi.

Örneğin, katran üretimine bakıldığında, esrar dumanı ile tütün dumanı arasındaki ayrım neredeyse ortadan kalkmıştır. Solunum yollarının iç yüzeyine inatla yapışan yapışkan bir kalıntı olan katran, akciğerlerin derinliklerine yerleşmiş ve esrar veya tütünden gelmesine bakılmaksızın aynı iltihaplanma süreçlerini tetiklemiştir. Katran, kanserojenler için bir taşıyıcı görevi görerek, hassas solunum dokularıyla uzun süreli temaslarını sağlamıştır. Hatta ara sıra esrar içenlerde bile, günde birden fazla sigara tüketen tütün kullanıcılarıyla aynı düzeyde katran maruziyeti gözlemlenmiştir. Ve günlük veya günde birden fazla kez sigara içenlerde, katran birikimi genellikle günde bir paket tütün içenlerde bulunan seviyeleri aşmıştır.

Gözden kaçan bir diğer benzerlik ise, organik madde yandığında oluşan güçlü bir kanserojen sınıfı olan polisiklik aromatik hidrokarbonların (PAH'lar) oluşumunda yatmaktadır. Esrar dumanının, tütün dumanına eşit veya daha yüksek miktarlarda çeşitli PAH'lar içerdiği bulunmuştur; bunlar arasında akciğer kanseri ve kardiyovasküler hastalıklarla güçlü bir şekilde bağlantılı olan benzo[a]piren gibi bileşikler de yer almaktadır. Bu kanserojen molekülleri üreten şey, bitkinin kendisi değil, yanma eylemidir. Bir kişi tütün yaprağından veya esrar tomurcuğundan duman solumuş olsun, bu yan ürünler aynı eksik yanma sürecinden oluşmaktadır.

İki sigara türü arasındaki en çarpıcı farklardan biri, kimyasal içeriklerinden değil, kullanıcıların onları nasıl soluduklarından kaynaklanıyordu. Tütün içenler genellikle daha kısa ve sığ nefesler alıyorlardı ve sigaralar aktif olarak solunmasa bile sürekli yanıyordu. Buna karşılık, esrar kullanıcıları daha fazla THC emmek amacıyla dumanı uzun süre akciğerlerinde tutarak derin nefesler alma eğilimindeydiler. Bu nefes tutma davranışı, toksinler ve akciğer dokusu arasındaki temas süresini önemli ölçüde artırdı. Bazı gözlemsel çalışmalarda, esrar içenlerin nefeslerini tipik sigara içenlere göre dört kat daha uzun süre tuttukları görüldü. Bu uzun süreli maruz kalma, solunum sistemine yerleşen katran ve kanserojen madde miktarını artırdı.

Daha derin nefes alma, dumanın daha küçük hava yollarına nüfuz etmesine ve tahriş edici maddelere karşı savunma yerine hassas gaz değişimi için tasarlanmış akciğer bölgelerine ulaşmasına olanak sağladı. Bu yapılar, yani alveoller, yoğun ısıya veya partikül bombardımanına dayanacak şekilde tasarlanmamıştı. Esrar dumanına tekrar tekrar maruz kaldıklarında, elastikiyetlerini ve işlevlerini kaybetmeye başladılar; bu da hava hapsine, akciğer kapasitesinin azalmasına ve solunum yolu enfeksiyonlarına karşı duyarlılığın artmasına katkıda bulundu. Bu hasar modeli, sigara içme sıklığındaki farklılıklara rağmen, uzun süreli tütün içenlerde görülen patolojiyi yansıtıyordu.

Karbon monoksit maruziyeti, esrar ve tütün dumanının zararları arasında bir başka bağlantı noktası oluşturdu. Karbon monoksit, oksijenden daha kolay bir şekilde hemoglobine bağlanarak kanın hayati organlara oksijen taşıma yeteneğini azalttı. Araştırmacılar, esrar içenlerin, daha derin ve uzun süreli nefes alma şekilleri nedeniyle, tütün içenlerde görülenlerden bile daha yüksek karboksihemoglobin seviyeleri gösterdiğini buldu. Kendilerini kardiyovasküler zorlanmaya karşı bağışık sanan gençlerde, oksijen taşınmasındaki bu değişim, aritmi, yüksek tansiyon ve kalp krizi riskini sessizce artırdı.

Solunum yollarının içinde, mukus, toz ve patojenleri temizlemekten sorumlu olan küçük kıl benzeri yapılar olan siliyalarda, her iki duman türüne maruz kalma sonucu hasar meydana gelmiştir. Tütünün etkileri kapsamlı bir şekilde incelenmiş olsa da, esrar dumanı da benzer bir felç edici etki yaratarak akciğerlerin doğal savunmasını azaltmıştır. Zamanla bu durum kronik bronşite, sürekli öksürüğe, mukus birikimine ve tekrarlayan enfeksiyonlara yol açmıştır. Öksürüklerini "iyi esrar" veya "güçlü çekim" belirtisi olarak gören birçok sık esrar kullanıcısı aslında solunum yolu hasarının erken belirtilerini yaşıyordu.

Hekimler, sigaradan uzak durdukları için akciğerlerinin temiz olduğuna inanan esrar kullanıcılarının, hava yollarında ciddi iltihaplanma, daralma veya hatta akciğer dokusunun tahrip olmasıyla oluşan büyük hava cepleri olan büllöz akciğer hastalığı gibi ciddi anormallikler keşfettiklerinde şok oldukları çok sayıda vakayla karşılaştılar. Bu anormallikler, akciğerin beklenmedik bir şekilde çöktüğü ve genellikle acil müdahale gerektiren spontan pnömotoraks riskini artırıyordu. Cerrahlar, hastanın hiç tütün kullanmamış olmasına rağmen, bu akciğer değişikliklerinin uzun süreli sigara içenlerde görülenlere benzediğini zaman zaman fark ettiler.

Esrar ve tütünün zararları arasındaki çizgiyi bulanıklaştıran bir diğer faktör de, bu iki maddenin sigara şeklinde (blunt veya spliff) karıştırılmasının yaygın bir uygulama olmasıydı. Tütünden kaçındığını iddia edenler arasında bile, sarılmış esrar genellikle tütün yaprağı sargıları içeriyordu ve bu da kullanıcıları istemeden nikotine ve ek toksinlere maruz bırakıyordu. Bu kombinasyon solunum yolu hasarını artırıyor ve bağımlılık potansiyeli yaratıyordu; bu da esrar kullanımının daha güvenli veya daha "doğal" olduğu inancını daha da karmaşık hale getiriyordu.

Esrar dumanının ticari tütün ürünlerinde bulunan bazı katkı maddelerinden yoksun olduğu ve bu nedenle daha temiz bir kimyasal profile sahip olduğu bazen öne sürülmüştür. Ancak araştırmalar, tütün dumanındaki zararlı bileşiklerin çoğunun katkı maddesi değil, bitki maddesinin yanmasından kaynaklanan yan ürünler olduğunu defalarca göstermiştir. İster işlenmemiş bir tütün yaprağı, ister kurutulmuş bir kenevir tomurcuğu veya başka herhangi bir organik madde yakılsın, yanma sürecinden aynı kanserojen ve tahriş edici maddelerin çoğu ortaya çıkar. Akciğerler, böcek ilacı veya aroma maddesi uygulanıp uygulanmadığına aldırış etmez; temel zarar, sıcak, kimyasal olarak karmaşık dumanın solunmasından kaynaklanır.
Kullanıcılar genellikle hem esrar hem de tütün dumanı tarafından bol miktarda üretilen mikroskobik parçacıklar olan ince partikül maddelerin tehlikesini göz ardı ederler. Bu parçacıklar, ilk savunma mekanizmalarını atlayarak akciğerlerin derinliklerine nüfuz eder. Solunum sistemine yerleştikten sonra, astım, KOAH ve akciğer kanseri de dahil olmak üzere bir dizi hastalıkla bağlantılı olan iltihaplanma ve oksidatif stresi tetiklerler. Esrar dumanı önemli miktarda ince partikül madde üretir ve tipik nefes alma ve nefes tutma alışkanlıkları nedeniyle, kullanıcılar genellikle sigara içenlere kıyasla her nefeste daha fazla ince partikül madde tutarlar.

Esrar ve tütün arasındaki psikolojik ayrım da risk algısındaki yanlışlığa katkıda bulundu. On yıllarca süren sigara karşıtı kampanyalar nedeniyle tütün içmek yaygın olarak damgalanırken, esrar kültürel bir normalleşme dalgası geçirmişti. Rahatlama, sosyal bağ kurma, yaratıcılık ve tıbbi kullanım ile ilişkilendirilmesi, insanlara tütün içenlere göre bir güvenlik, hatta üstünlük duygusu verdi. Ancak biyoloji kültürel anlatılara kayıtsız kaldı. Duman akciğerlere girdiğinde, bitkinin kökenine bakılmaksızın aynı süreçler gerçekleşti: hücreler tahriş oldu, siliyalara zarar verildi ve toksik parçacıklar dokulara yerleşti.

Kliniklerde ve acil servislerde, doktorlar sıklıkla sigaradan uzak durdukları için ciddi bir zarardan güvende olduklarını düşünen, solunum yolu şikayetleriyle gelen genç yetişkinlerle karşılaşıyorlardı. Tarama sonuçları hava yolu kalınlaşması, mukus tıkanması veya amfizem benzeri değişikliklerin erken belirtilerini ortaya çıkardığında şaşkınlıkları çoğu zaman belirgindi. Bazıları, esrar dumanının semptomlarına önemli ölçüde katkıda bulunduğunun açıklanması karşısında inanmazlık ifade etti. Birçoğu, esrarın "tütünle hiçbir alakası olmadığını" ısrarla vurguladı; bu kesinliğin dayanağı sorgulanmadan tekrarlanan bir nakarat.

Esrar dumanının tütün dumanından temelde farklı olduğu fikri, bilimsel incelemeler karşısında sıklıkla çürüdü. Her iki dumanın kimyasal bileşimini analiz eden araştırmacılar, zararlı bileşiklerin (benzen, asetaldehit, amonyak, hidrojen siyanür, nitrik oksitler ve uçucu organik bileşikler) örtüşen listelerini buldular. Bazı analizlerde, esrar dumanı, solunum dokusunu tahriş eden ve zarar veren daha yüksek konsantrasyonlarda amonyak üretti. Esrarda nikotin bulunmaması zararı ortadan kaldırmadı; nikotin bağımlılık yapıcıydı, ancak akciğerlere verilen zarar dumanın kendisinden kaynaklanıyordu.

Sigara içme yöntemi bile zararı daha da artırdı. Örneğin, esrar sigaralarında filtre bulunmadığı için kullanıcılar, yüksek miktarda katran ve partikül içeren filtrelenmemiş dumana maruz kalıyordu. Pipo veya bong gibi sigara içme araçları toksinleri ortadan kaldırmıyordu; su filtrasyonu bir miktar ısıyı ve partikül maddenin küçük bir bölümünü uzaklaştırsa da, zararlı kimyasalların büyük çoğunluğu geçiyordu. Birçok kişi daha yumuşak dumanın daha güvenli duman anlamına geldiğine inanıyordu, ancak kimyasal gerçeklik bu varsayımı desteklemiyordu.

Bazı kullanıcılar, kullanımlarının ara sıra veya keyif amaçlı olduğunu ve seyrek maruz kalmanın riski en aza indirdiğini savundu. Bununla birlikte, esrar içmenin içerdiği solunum derinliği ve süresi, ara sıra kullanımın bile seans başına önemli dozlarda toksin içerdiği anlamına geliyordu. Gün boyunca birden fazla küçük maruz kalma yaşayan sigara içenlerin aksine, esrar içenler genellikle daha kısa bir süre içinde yoğunlaştırılmış dumanı soluyordu. Bu durum akciğerler ve kardiyovasküler sistem üzerinde akut strese neden oluyor ve aylarca ve yıllarca tekrarlandığında kümülatif hasara katkıda bulunuyordu.
Halk sağlığı açısından bakıldığında, zorluk esrarı şeytanlaştırmakta değil, esrar içmenin fizyolojik sonuçlarına dair doğru bir anlayış sunmakta yatıyordu. Amaç ahlaki yargılama değil, bilimsel açıklıktı; akciğerler hassastı ve her türlü duman risk oluşturuyordu. Esrarın potansiyel tıbbi özellikleri, yanma ürünlerinin solunmasının tehlikelerini ortadan kaldırmıyordu. Esrar ve tütün dumanı arasındaki benzerlikleri anlamak, kullanıcıların, birinin farklı bir bitkiden geldiği için doğası gereği zararsız olduğu efsanesinden arınmış, bilinçli kararlar vermelerini sağlıyordu.
Kimyasal gerçekleri öğrendikten sonra, yanmadan kaçınan alternatif esrar tüketim yöntemlerini seçen kişiler oldu. Buharlaştırma, yenilebilir ürünler ve tentürler, dumanın zararlı yan ürünleri olmadan etki deneyimlemenin yollarını sunuyordu. Bununla birlikte, bu yöntemlerin de kendi hususları vardı ve dikkatli dozlama ve farkındalık gerektiriyordu. Yine de, yanlış bilgilendirmenin yerini bilimsel anlayışın almasıyla zararın azaltılmasının mümkün olduğunu gösterdiler.

Sonuç olarak, esrar ve tütün dumanı arasındaki karşılaştırma, uzun zamandır kültürel klişeler tarafından gölgelenmiş bir gerçeği ortaya çıkardı: Vücudun solunan dumana verdiği tepki, yasalara, geleneğe veya toplumsal anlatıya bağlı değildi. Yanmanın kimyasına ve solunum sisteminin hassasiyetine bağlıydı. Hem esrar hem de tütün dumanı toksinler, kanserojenler, tahriş ediciler ve katran içeriyordu. Her ikisi de akciğer fonksiyonunu bozuyor, iltihabı artırıyor ve ince partikül maddeleri hassas dokulara derinlemesine sokuyordu. Her ikisi de uzun vadeli solunum ve kardiyovasküler hasar potansiyeli taşıyordu.

Daha fazla araştırma ortaya çıktıkça ve klinisyenler ameliyat odalarından ve kliniklerden deneyimlerini paylaştıkça, esrar dumanının algılanan güvenliği ile tütün dumanının bilinen tehlikeleri arasındaki çizgi inceldi. Kültürel inançlar gelişmeye devam etti, ancak temel bilimsel gerçekler değişmedi: Akciğerler, kaynağı ne olursa olsun, dumanı olduğu gibi algılıyordu. Bu paralellikleri anlayarak, okuyucular, zararın bitkinin kendisinden değil, yakılmasından ve yan ürünlerinin vücudun en hassas bölgelerine çekilmesinden kaynaklandığını fark ederek, mitlerden ziyade biyolojiye dayalı bilinçli seçimler yapabilirlerdi.

Bölüm 13 – Gizlenmiş Bağımlılık: Esrar Bağımlılığı Neden Çoğu Zaman Fark Edilmez?

Yıllarca esrar, zararsız bir alışkanlık, bağımlılıkla ilişkilendirilen karanlık gölgelerin hiçbirini taşımayan, eğlence amaçlı bir kaçış olarak lanse edildi. İnsanlar bu ifadeleri adeta birer mantra gibi tekrarladılar—*Hiç kimse esrar bağımlısı olmaz.,Alkol veya sigara gibi değil.,İstediğim zaman istifa edebilirim.*Bu sözler üniversite kampüslerinde rahatça dile getiriliyor, dumanlı oturma odalarında güvenle fısıldanıyor ve sosyal medya paylaşımlarında herkese açık bir şekilde yayınlanıyordu. Sanki gerçekmiş gibi söyleniyordu. Ancak bu kültürel kesinliğin altında, çoğu zaman yüzeyin altında gizlenen ve kullanıcıların kendileri tarafından nadiren kabul edilen çok farklı bir tıbbi gerçeklik yatıyordu: Esrar bağımlılığı gerçekten vardı ve kontrol altında olduklarına inanan milyonlarca insanın günlük yaşamını sessizce yeniden şekillendiriyordu.

Bağımlılık her zaman dramatik belirtiler veya yıkıcı davranışlarla kendini göstermezdi. Bunun yerine, incelikle ilerlerdi; rutinler, duygusal kalıplar ve fark edilmeden gelişen beyin kimyasının yavaş yavaş yeniden şekillenmesi yoluyla. Esrar bağımlılığı, opioidler veya alkol gibi maddelerde görülen belirgin ve şüphe götürmez bağımlılık biçimlerine nadiren benzerdi. Daha sessiz yollarla kendini gösterirdi: onsuz uyuyamama, gece dozunun yokluğunda hafif bir sinirlilik, stok azaldığında göğüste sıkışma veya stresi tek başa çıkma mekanizması olarak esrara giderek artan bir bağımlılık. Bu davranışlar genellikle günlük hayata o kadar sorunsuz bir şekilde karışırdı ki, kullanıcılar bunların ne olduğunu fark edemezlerdi.

Esrarı günlük olarak kullanan birçok insan, beynin erken yoksunluk sinyalleriyle onları esrara doğru yönlendirmeye başladığının farkında olmadan, onu özgür iradeleriyle seçtiklerine gerçekten inanıyordu. Sinirlilik, huzursuzluk ve uykusuzluk genellikle uzun bir günün veya ilgisiz bir stresin belirtileri olarak geçiştiriliyordu. Sabahları artan kaygı, kan dolaşımındaki THC eksikliğinden ziyade işe bağlanabiliyordu. İştah veya ruh halindeki değişiklikler, sıradan gerekçelerle açıklanıyordu. Oysa bu ince değişimler, fizyolojik bağımlılığın, yani beynin esrardan düzenli girdi beklemeye kendini ayarladığı bir durumun parmak izleriydi.

Esrar bağımlılığının fark edilmemesinin nedenlerinden biri, THC'nin kademeli olarak etki etmesiydi. Alkolün aksine, yoksunluk belirtileri dramatik ve bazen yaşamı tehdit eden semptomlara yol açarken, esrar yoksunluğu genellikle sessizce ilerliyor, bırakıldıktan bir veya iki gün sonra başlıyor ve ilk haftanın sonuna doğru zirveye ulaşıyordu. Kullanıcılar genellikle sürekli bir rahatsızlık, onları tanıdık rahatlama kaynağı olan duman veya buhara geri iten bir huzursuzluk tarif ediyorlardı. Tıp uzmanları bu semptomları açıkça tanıyordu, ancak bunlar nadiren halkın "bağımlılık" hakkındaki ön yargılı imajıyla örtüşüyordu.

THC kan dolaşımına girdiğinde, vücudun endokannabinoid sistemiyle etkileşime girer; bu sistem, ruh halini, iştahı, uykuyu, motivasyonu ve ödül işlemeyi düzenlemekten sorumlu reseptörlerden oluşan bir ağdır. Zamanla, sık kullanım sistemi dışsal bağımlılık modeline iterek beynin doğal endokannabinoid üretimini azaltır. Günlük kullanıcılar aniden bıraktığında, beyin dengeyi yeniden sağlamakta zorlanır. Ortaya çıkan yoksunluk belirtileri hafif ama gerçektir: ruh hali değişimleri, uyku bozuklukları, sinirlilik, iştah azalması ve konsantrasyon güçlüğü. Birçoğu için, esrarın yokluğu, dünyanın rengini kaybetmesi, daha keskin, daha stresli ve daha yönetilemez hale gelmesi gibi hissettirir.
İnsanlar genellikle esrarı kendilerini "normal hissettiren" bir şey olarak tanımlıyorlardı; bu hissin bir uyarı işareti olduğunun, yani zararsız kullanımın değil, bağımlılığın bir belirtisi olduğunun farkında değillerdi. Bir madde normal işleyiş için gerekli hale geldiğinde, ödül ve düzenleme sistemlerine zaten derinlemesine yerleşmiş oluyordu. Onsuz yaşayabileceklerini iddia eden kullanıcılar, muhtemelen bilinçaltında yaşanacak rahatsızlığın farkında olarak, bu deneyi yapmaktan kaçınıyorlardı.

Bağımlılığın en belirgin işaretlerinden biri, bireyler sigara tüketimini azaltmaya çalıştıklarında ortaya çıktı. Kendilerini amaçladıklarından daha fazla sigara içerken, kendi aralarında sınırlar konusunda pazarlık yaparken veya "bir sigara daha içmeyi haklı çıkarmak için edilgen fiil yapısı kullanmak" gibi ifadeler kullanırken buldular.*Eklem sayısının artmasının uykuya yardımcı olacağı düşünülüyordu.*, veya *Sinirleri yatıştıracağı söylenmişti.*Bu içsel diyaloglar, irade gücünün incelikli bir şekilde kaybını ortaya koydu; seçim gibi görünen şey, yavaş yavaş bir zorunluluğa dönüşmüştü.

Esrar bağımlılığı genellikle aylar veya yıllar içinde, sessizce günlük rutinleri şekillendirerek oluşur. Kullanıcılar, programlarını sigara içmeye göre yapılandırmaya başlarlar; işten eve geldikleri anı beklerler, stresli işler sırasında mola verirler veya rahatlamanın birincil yolu olarak esrar kullanırlar. Kısa süre sonra, bir zamanlar keyif veren deneyimler (egzersiz, sosyalleşme, hobiler) THC'nin onları güçlendirmesi olmadan sıkıcı gelmeye başlar. Beyin yavaş yavaş zevki, rahatlamayı ve ferahlamayı yalnızca esrarla ilişkilendirmeyi öğrenir ve bir zamanlar bu duyguları organik olarak sağlayan aktivitelerle olan doğal bağlantıları koparır.

Ödül işleme sürecindeki bu değişim kullanıcılar tarafından nadiren fark edildi. Kendilerini zararsız bir bitkinin tadını çıkaran işlevsel yetişkinler olarak görüyorlardı. Ancak zamanla kenevir, kimliklerinin merkezi bir parçası haline geldi; şiddetle savundukları, sosyal ritüellerine, kişisel rutinlerine ve duygusal başa çıkma mekanizmalarına entegre ettikleri bir şey oldu. Bu psikolojik bağımlılık biçimi, fizyolojik bağımlılıktan genellikle daha güçlüydü ve kırılması da aynı derecede zordu.

Anonimleştirilmiş klinik kayıtlar bu örüntüyü tekrar tekrar ortaya koydu. Hastalar, yıllarca her gün kullanmalarına rağmen esrarla ilgili hiçbir sorunları olmadığını iddia ederek geldiler. Bırakmayı hiç denemiş olup olmadıkları sorulduğunda, yanıtları genellikle ince yoksunluk belirtilerini yansıtıyordu. Bazıları uyumanın imkansız hale geldiğini ve üçüncü veya dördüncü gecede tekrar esrara yöneldiklerini anlattı. Diğerleri, azaltmayı denediklerinde aile üyeleriyle olan tartışmaların şiddetlendiğini itiraf etti. Birçoğu, akşam tekrar kullanana kadar sabahların dayanılmaz geldiğini itiraf etti. Bunlar bağımlılığın belirtileriydi; sessiz, tanıdık ve biri onları işaret edene kadar görmezden gelmek kolaydı.

27 yaşında bir adam, bir zamanlar yoksunluk belirtilerini "normal stres" olarak geçiştiriyordu. Ancak seyahat nedeniyle bir hafta boyunca esrar kullanmayı bıraktığında, geceleri sürekli volta attığını, iş arkadaşlarına ters davrandığını, yemek yiyemediğini ve şafak sökene kadar uyuyamadığını fark etti. Ona göre, alışılmadık ortam rahatsızlığa neden olmuştu, ancak belirtiler tipik esrar yoksunluğu belirtilerini yansıtıyordu. Başka bir hasta, 34 yaşında bir kadın, "geceleri sadece bir esrar" içme ritüelinin yavaş yavaş uykuya dalmak için esrara ihtiyaç duymaya dönüştüğünü keşfetti. Bırakmaya çalıştığında, uykusuzluğu o kadar şiddetlendi ki, sadece üç gece sonra tekrar kullanmaya başladı. Esrarın uyumasına yardımcı olduğunun kanıtı olduğunu ısrarla savundu; klinisyenler ise bunun aslında bağımlılık geliştirdiğinin kanıtı olduğunu nazikçe açıkladılar.

Esrarın uzun süre bağımlılık yapmayan bir madde olarak gösterilmesi nedeniyle psikolojik bağımlılık daha da sinsi bir hal aldı. Kullanıcılar nadiren isteklerini oldukları gibi algılıyorlardı. Esrar isteklerini "rahatlamak", "odaklanmak" veya "normal hissetmek" olarak açıklıyorlardı; bu gerekçelerin kompulsif kullanımı gizlediğinin farkında değillerdi. İstekler her zaman yoğun fiziksel dürtüler olarak ortaya çıkmıyordu; genellikle kalıcı düşünceler, duygusal rahatsızlık veya sigara içmeden günün eksik olduğu hissi olarak kendini gösteriyordu.

Bu dinamiği anlamak, bağımlılığın bir spektrumda var olduğunu kabul etmeyi gerektiriyordu. Tüm esrar kullanıcıları bağımlılık geliştirmezdi, ancak sık kullanım riski önemli ölçüde artırırdı. Genç yetişkinler, tekrarlanan uyaranlara hızla adapte olan sinir yollarının gelişmesi nedeniyle özellikle savunmasızdı. Onlar için bağımlılık daha hızlı oluşabilir ve daha derine inebilirdi, özellikle de esrar duygusal zorlukları veya stresi yönetmek için kullanıldığında. Zamanla, duygusal tepkilerini şekillendirerek, THC yokluğunu dengesizlik veya sıkıntı gibi hissettirirdi.

Fark edilmeyen bağımlılığın uzun vadeli tehlikelerinden biri, esrar dumanına ve THC'ye uzun süre maruz kalmaktı; bu da diğer bölümlerde açıklanan bir dizi sağlık riskini beraberinde getiriyordu. Kullanıcılar ne kadar bağımlı hale gelirse, o kadar sık ve yoğun bir şekilde esrar tüketiyorlardı. Toksinlere, katrana, ısıya ve yanmış parçacıklara maruz kalmanın artması, solunum ve kardiyovasküler sistemler üzerinde daha büyük bir yük oluşturuyordu. Bağımlılık nadiren tek başına var oluyordu; günlük olarak duman solumanın fiziksel sonuçlarıyla iç içe geçiyordu. Esrarın zararsız olduğu yanılgısı, kullanıcıların akciğerlerine, kalplerine ve kan damarlarına verdikleri kümülatif zararı hafife almalarına neden oluyordu.

Esrarın sosyal olarak kabul görmesi ve birçok bölgede giderek daha fazla yasallaşması nedeniyle, bireyler bağımlılığın kendileri için geçerli olmadığına kendilerini inandırdılar. Esrarı daha sert maddelere bir alternatif, doğal bir rahatlatıcı veya zararsız bir eğlence aracı olarak gördüler. Bu normalleşme, kullanıcıların bağımlılığın bir ihtiyaç haline geldiğini fark etmelerini daha da zorlaştırdı. Değişim kademeli gibiydi; bir zamanlar hafta sonu alışkanlığı olan şey, gece rutinine, ardından günde birden fazla seansa dönüştü. Kullanıcılar genellikle ancak koşullar zorladığında bu gerçeği fark ettiler: tedarikin bitmesi, seyahat etme veya yasal veya mali kısıtlamalarla karşılaşma. Bu beklenmedik yoksunluk anlarında, yoksunluk belirtileri keskin ve açık bir şekilde kendini gösterdi.

Birçok evde bağımlılık, sessiz bir gerilim kaynağı haline geldi. Partnerler, esrar bulunmadığında ruh hali değişimlerini fark ettiler veya sosyal planların esrar içme etrafında düzenlendiğini gözlemlediler. Aile üyeleri bazen endişelerini dile getirdiler, ancak bu endişeler şu gibi ifadelerle geçiştirildi:*Esrar içmenin zararsız olduğu söyleniyordu.* veya *İstifa etmenin kolay olduğu konusunda ısrar ediliyordu.*Bu güvenceler nadiren gerçekle örtüşüyordu. Bağımlılık, üretkenliği de dolaylı yollarla etkiledi. Kullanıcılar genellikle esrarın yaratıcılığı veya odaklanmayı artırdığına inanırken, uzun süreli kullanımın sıklıkla motivasyonu ve bilişsel işlevleri bozduğunun farkında değillerdi. Görevler gecikti, sorumluluklar ertelendi ve ilgisizlik dönemleri uzadı. Kullanıcı bu değişiklikleri dış koşullara bağladı ve THC'nin bilişsel yollar üzerindeki sessiz etkisini fark etmedi.

Esrar bağımlısı olan kişiler, kullanımlarını çoğu zaman tutkuyla savundular. Kaygılarını azalttığını iddia ettiler, ancak birçok durumda, kronik kullanımın kendisi zaten kaygı düzeylerini artırmıştı. Uzun süreli THC maruziyetinin doğal uyku ritimlerini bozduğunun farkında olmadan, uyumalarına yardımcı olduğunu söylediler. Esrar olmadan yaşadıkları sinirliliğin bir kişilik özelliği değil, yoksunluk belirtisi olduğunun bilincinde olmadan, sakin kalmalarını sağladığında ısrar ettiler. Bu tür yanlış yorumlamalar, bağımlılığın kendisini terapötik bir fayda gibi göstermesine ve döngüyü güçlendirmesine izin verdi.

Esrar bağımlılığının incelikli doğasına rağmen, bağımlılıktan kurtulmak mümkündü. İlk adım, yoksunluk belirtilerinin, isteklerin ve kompulsif kullanımın fizyolojik ve psikolojik bir değişime işaret ettiğini kabul etmekti. Bireyler bağımlılığın yerleştiğini anladıktan sonra, daha sağlıklı başa çıkma mekanizmalarını, kademeli azaltma stratejilerini ve destek sistemlerini keşfetmeye başlayabilirlerdi. Birçoğu için bu süreç, THC'ye bağımlı olmadan nasıl uyuyacaklarını, stresi nasıl yöneteceklerini ve nasıl zevk alacaklarını yeniden öğrenmeyi içeriyordu.

Esrar bağımlılığını anlamak, eski mitlerden kurtulmayı gerektiriyordu. Bağımlılık, dramatik bir çöküş veya yıkım anlamına gelmek zorunda değildi; günlük alışkanlıkların içinde sessizce var olabilirdi. Rutinlerde, duygusal bağımlılıkta ve beynin düzenli THC maruziyetine adaptasyonunda şekil alıyordu. Uyku düzenini, ruh hali istikrarını, bilişsel keskinliği ve stres tepkilerini değiştiriyordu. Kendini tercih, rahatlama, zararsız bir rutin olarak gizliyordu.

Sonuç olarak, bağımlılık bir zayıflık belirtisi değildi; kimya ve beynin doğal uyum sağlama eğilimiyle şekillenen biyolojik bir tepkiydi. Ancak bunu fark etmek, bireylerin kontrolü yeniden ele geçirmelerine, bilinçli kararlar vermelerine ve esrar kullanımına varsayımlardan ziyade farkındalıkla yaklaşmalarına olanak sağladı. Gerçek şu ki, esrar benzersiz bir şekilde tehlikeli değildi, ancak risk taşımadığına inanmak, kullanıcıları kendi zihinlerinde ve bedenlerinde meydana gelen değişikliklere karşı kör ediyordu. Bu maske ancak insanlar bağımlılığın sessiz, incelikli ve günlük yaşamlarının dokusuna derinlemesine işlemiş olabileceğini, ancak yine de gerçek, güçlü ve dikkat çekmeye değer olduğunu anladıklarında düştü.

Bölüm 14 – Günlük Sigara İçicisinin Döngüsü: Düzenli Kullanım Sağlık Risklerini Nasıl Artırır?

Günlük esrar kullanımı, tahmin edilebilir, ritüelistik ve bu durumu yaşayan kişi için neredeyse görünmez bir ritmi takip ediyordu. Döngü genellikle, bir gün daha sigara içmenin bir fark yaratmayacağı, rutin kullanımın sadece zararsız bir alışkanlık olduğu düşüncesiyle başlıyordu. Ancak birçok kişi için bu tekrarlama, fizyolojilerini, davranışlarını ve iç kimyalarını hiç hayal etmedikleri şekillerde yavaş yavaş yeniden şekillendiriyordu. Rahatlatıcı bir günlük rutin gibi görünen şey, önceki bölümlerde açıklanan sağlık risklerini sessizce artırarak, ara sıra maruz kalmayı akciğerler, kalp ve kan damarları üzerinde kronik bir strese dönüştürüyordu.

Döngü genellikle masumane bir şekilde başlardı. Bir kişi hafta sonları arkadaşlarıyla ara sıra sigara içebilir veya işten sonra rahatlamak için esrar kullanabilirdi. Ara sıra kullanımın onları gerçek bir tehlikenin dışında tuttuğuna inanıyorlardı ve o ilk günlerde vücut dumanı ve THC'yi dramatik sonuçlar olmadan tolere ediyordu. Ancak modern esrar evrim geçirmiş, önceki on yılların hafif, düşük etkili bitkisinden çok uzaklaşmıştı. Bugün piyasada bulunan esrar, yirmi veya otuz yıl öncesine göre çok daha yüksek THC konsantrasyonları içeriyordu. Ekstraktlar, konsantreler, dablar ve yüksek etkili çiçekler norm haline gelmişti. Kullanıcılar genellikle bu ürünleri, kardiyovasküler ve solunum sistemlerine ne kadar yük bindirdiklerinin farkında olmadan tüketiyorlardı. Ve etki gücü arttıkça, günlük kullanım olasılığı da artıyordu.

Günlük sigara içenlerin döngüsü genellikle aşamalar halinde gelişir. Ara sıra kullanım olarak başlayan şey, hızla gecelik bir ritüele dönüşür ve genellikle edilgen cümle yapılarıyla gerekçelendirilir, örneğin:*Sigara içmenin rahatlamaya yardımcı olduğu düşünülüyordu.* veya *Uyku öncesinde zihni rahatlattığı söyleniyordu.*Kullanıcı, THC'nin akşamın yapısını nasıl yavaş yavaş belirlemeye başladığını fark etmeden bu rutine alıştı. Zamanla, bu geceki ritüel genişledi: bir sigara ikiye çıktı veya artan toleransı telafi etmek için daha güçlü bir elektronik sigara satın alındı. Sonunda, kullanıcı kendini gün boyunca -sabah, öğlen, akşam- sigara içerken buldu ve döngü kendi kendini devam ettirir hale geldi.

Rutinin gücü, vücudun iyileşmek için zamanı kalmadığı için sağlık risklerini artırdı. Günlük maruz kalma, akciğer dokularının günlük tahrişine, kalp atış hızının günlük yükselmesine, günlük damar daralmasına, günlük oksidatif strese ve doğal kardiyovasküler düzenlemenin günlük olarak baskılanmasına yol açtı. Kronikleşme, izole bir zarar olabilecek durumu kümülatif hasara dönüştürdü.

Günlük kullanımın daha fazla zarara yol açmasının temel nedenlerinden biri, modern kenevir piyasasının THC oranını eşi görülmemiş seviyelere çıkarmış olmasıydı. Eczaneler genellikle %20-30 THC içeren çiçek satarken, konsantreler %60'tan %90'ın üzerine kadar değişiyordu. Bu seviyeler, solunan duman miktarını ve kullanıcının davranışını önemli ölçüde değiştirdi. Kenevir daha zayıf olduğunda, insanlar mütevazı miktarlarda tüketiyordu. Daha güçlü hale geldiğinde ise vücut daha hızlı adapte oluyor, tolerans daha hızlı gelişiyor ve kullanıcıyı aynı etkiyi elde etmek için daha yüksek miktarlarda tüketmeye itiyordu.

Günlük kullanıcılar, deneyimi iyileştirdiğine inanarak dumanı daha derine çekip daha uzun süre içlerinde tuttuklarını fark ettiler. Gerçekte ise, dumanı akciğerlerde tutmak, daha fazla katran, partikül ve toksinin hassas alveol yüzeylerine yerleşmesine neden oluyordu. Daha derin nefes alma, zararlı kimyasalları, temizleme mekanizmalarının en zayıf olduğu akciğer dokusunun en uzak noktalarına itiyordu. Bunu günde birkaç kez tekrarlamak, solunum sisteminin bozulmasını hızlandırıyordu.

Cerrahlar ve göğüs hastalıkları uzmanları, günlük kullanımın etkilerini tekrar tekrar gözlemlediler. Akciğerlerin kalın siyah katranla kaplandığını, bronşların iltihaplanıp daraldığını ve hava yolu astarlarının sürekli sıcak dumanlara maruz kalmaktan tahriş olduğunu belirttiler. Bu bulgular nadir görülen anormallikler değildi; sık sık esrar kullananların karşılaştığı gerçeği yansıtıyordu. Cam pipolar ve dab cihazları gibi modern yüksek sıcaklıktaki sigara içme cihazları, boğaza ve akciğerlere daha da yoğun ısı vererek epitel hücrelerine zarar veriyor ve akciğerlerin kendilerini koruma yeteneğini azaltıyordu. Tekrarlanan maruz kalma, hava yollarını aşırı duyarlı, şişmiş ve kronik bronşite yatkın hale getiriyordu.

Kalp ve damar sistemi de aynı derecede zorlandı. THC, kalp atış hızını ve oksijen ihtiyacını artırdı, kan damarı tonusunu değiştirdi ve otonom sinir sisteminin düzenlenmesine müdahale etti. Ara sıra kullananlar için bu değişiklikler geçiciydi. Günlük kullananlar için ise kalp, tıpkı dinlenmeden günde birkaç kez depar atan biri gibi, tekrarlanan stres dalgalanmalarına maruz kaldı. Zamanla, damar duvarları sertleşmeye başladı ve endotel tabakası hasar gördü. Kanın düzgün akışı yerini türbülansa bıraktı. İltihaplanma sessizce arttı, yavaş yavaş plak oluşumu ve damar tıkanıklığı için bir temel oluşturdu. Bunların hiçbiri anında belirti vermedi. Kullanıcı genellikle kendini sağlıklı hissetti, hatta stresin azalmasından fayda gördüğüne ikna oldu. Ancak yüzeyin altında, hasar santim santim birikti.

Günlük kullanım, THC'nin metabolizmayı etkileme şekli nedeniyle riskleri de artırdı. Vücut THC'yi yağ hücrelerinde depoluyor ve zamanla kademeli olarak salıyordu. Günlük kullanımda THC hiçbir zaman tamamen vücuttan atılmıyordu. Kullanıcı, ayık hissettiği zamanlarda bile neredeyse sürekli olarak hafif bir sarhoşluk hali içinde bulunuyordu. Bu sürekli varlık, kardiyovasküler sistemin temel işleyişini değiştirerek kalp ritmini, kan basıncını ve damar bütünlüğünü etkiliyordu. Aylar ve yıllar içinde bu ince değişiklikler birikerek önemli bir risk oluşturuyordu.

Günlük sigara içenlerin döngüsü, insanların nasıl nefes aldığını da etkiledi. Birçok günlük sigara içen, esrarı birincil rahatlama yöntemi olarak kullandı; bu da onları hissi en üst düzeye çıkarmak için daha uzun ve daha derin nefesler almaya teşvik etti. Bu nefes alma alışkanlıkları, ara sıra veya keyif amaçlı kullananlara kıyasla nefes başına daha fazla duman alınmasına neden oldu. Her derin nefeste, akciğerlere daha fazla kanserojen madde, katran, ağır metal ve ince partikül girdi. Bu partiküller, makrofajların bunları etkili bir şekilde uzaklaştırmakta zorlandığı alveollerin derinliklerine yerleşti. Zamanla, bu birikintiler akciğer dokusunu sertleştirdi, elastikiyetini azalttı ve oksijen değişimini bozdu.

Günlük sigara içme alışkanlığının aldatıcı yanı, onu tehlikeli kılan unsurlardan biriydi. Kullanıcılar genellikle öksürüğü normal, balgamı önemsiz ve nefes darlığını geçici olarak görüyorlardı. Bu belirtileri, günlük duman maruziyetini kabul etmek yerine, hava koşullarına, alerjilere veya yorgunluğa bağlıyorlardı. İnsanlar tarafından "herkes sabahları biraz öksürür" deniyordu, oysa bu öksürük solunum yollarında iltihaplanmanın açık bir işaretiydi. Kronik öksürük, bronşların tahrişten şiştiğini, mukusun daralmış geçitlerden geçmesine neden olduğunu ve akciğerlerin sürekli saldırıya karşı koymak zorunda kaldığını gösteriyordu.

Esrarın "doğal" veya "organik" olduğu algısı bile bu döngüye katkıda bulundu. Birçok günlük kullanıcı, işlenmiş tütünde bulunan toksinlerden kaçındıklarına inanıyordu. Ancak farkında olmadıkları şey, herhangi bir bitki maddesinin yakılmasının zararlı kimyasallar ürettiğiydi. Günlük kullanıcı, akciğerlerin filtrelemek üzere tasarlanmadığı yanmış parçacıkları soluyarak bu toksinlere tekrar tekrar maruz kalıyordu. "Doğal" duman hala kanserojenler, tahriş ediciler ve hidrokarbonlar taşıyordu ve bunların hepsi tekrarlanan kullanımla birikiyordu.

Bu günlük maruz kalma aynı zamanda psikolojik bağımlılığı da artırdı. Kullanıcı dramatik yoksunluk belirtileri yaşamadığı için kontrolün kendisinde olduğuna inanıyordu. Ancak vücut sessizce düzenli olarak THC almaya alışmıştı. Günlük tekrar, sigara içmeyi rahatlama, konfor ve istikrarla ilişkilendiren sinir yollarını güçlendirdi. Bu güçlendirilmiş yollar, alışkanlığı bırakmayı zorlaştırdı ve bu da daha uzun kullanım sürelerine ve dolayısıyla duman toksinlerine daha yüksek yaşam boyu maruz kalmaya yol açtı. Birçok kişi bu psikolojik güçlendirmenin gücünü hafife aldı. Günlük sigara içmenin sadece bir tercih olduğuna inanıyorlardı, beynin kanabinoidlerin sürekli olarak alınmasına bağımlı hale geldiğinin farkında değillerdi.

Modern kenevir kültürü aynı zamanda günlük kullanımı da teşvik etti. Yüksek etkili ürünler premium olarak pazarlandı ve esrarın sosyal alanlarda normalleşmesi, sık tüketimi zararsız gibi gösterdi. Kullanıcılar genellikle düzenli olarak esrar kullanan akranlarıyla çevrelenerek, günlük kullanımın tipik olduğu bir ortam yarattılar. Bu normalleşme, artan riskleri gizleyerek döngünün sorgulanmadan devam etmesine olanak sağladı.

Bazı günlük sigara içenler, kuru ot içmekten dab veya konsantre yağlar gibi daha güçlü ürünler tüketmeye geçtiler. Bu yöntemler, tek bir nefeste çok büyük miktarda THC alımına neden olarak kardiyovasküler stresi önemli ölçüde artırdı. Kalp atış hızı saniyeler içinde yükselebilir, kan basıncı keskin bir şekilde dalgalanabilir ve damarlar aniden daralabilir. Bu nefes alımının düzenli olarak yapılması, kalbi dengesiz ritimlere itti ve zamanla damar direncini azalttı.

Günlük kullanım devam ettikçe solunum sistemi üzerindeki olumsuz etkiler daha da şiddetlendi. Eskiden ara sıra dumanı temizleyebilen akciğerler, her gün biriken toksinlerin yoğunluğu karşısında yetersiz kaldı. Solunum yollarından kalıntıları temizlemekten sorumlu olan küçük tüyler olan siliyalarda hasar oluştu ve etkinlikleri azaldı. Bunlar olmadan akciğerler katran ve partikülleri atmakta zorlandı. Buna karşılık mukus üretimi arttı, bu da solunum yollarını tıkayan ve hava akışını azaltan daha kalın salgılara yol açtı. Bazı günlük sigara içenlerde sonunda kronik bronşit gelişti; bu durum, aylarca hatta yıllarca süren sürekli öksürük ve mukus birikimi ile karakterizedir. Bu durum nefes almayı daha da zorlaştırdı ve solunum yolu enfeksiyonlarına karşı duyarlılığı artırdı.

Günlük sigara içmenin bağışıklık sistemi üzerinde beklenmedik sonuçları da oldu. Duman, akciğerlerdeki bağışıklık hücrelerini baskılayarak vücudun patojenlerle savaşmasını zorlaştırdı. Günlük sigara içenler sıklıkla soğuk algınlığı, sinüs enfeksiyonları ve diğer solunum yolu hastalıklarına daha yatkın olduklarını bildirdiler, ancak bu sorunları nadiren esrar kullanımına bağladılar. Bunun yerine, semptomları dış faktörlere bağladılar veya bunları hayatın bir parçası olarak kabul ettiler.

Birçok kişi için, günlük sigara içme döngüsü, önemli belirtiler ortaya çıkmadan önce yıllarca sürdü. Ve belirtiler ortaya çıktığında bile, genellikle yönetilebilir veya esrarla ilgisiz olarak değerlendirildi. Nefes darlığı yaşlanmaya bağlandı. Göğüs rahatsızlığı strese atfedildi. Kötü uyku, yoğun bir yaşam tarzının sonucu olarak düşünüldü. Bu yanlış yorumlar, hasarın kontrolsüz bir şekilde devam etmesine izin verdi.

Tıp uzmanları, sağlık risklerinin olmadığını düşünen günlük sigara içenlerle sık sık karşılaşıyordu. Bu inkâr, bilgisizlikten değil, kronik zararın incelikli doğasından kaynaklanıyordu. Kendilerini iyi hissettikleri için, iyi olduklarını varsayıyorlardı. Ancak bu kişiler sonunda kardiyovasküler sorunlar, solunum yolu hastalıkları veya beklenmedik cerrahi komplikasyonlarla karşılaştıklarında, birikmiş hasarın belirtileri açıkça ortaya çıkıyordu. Cerrahlar, günlük sigara içenlerde daha kalın, daha kırılgan arterler, yapışkan katranla kaplı akciğerler ve işlemler sırasında öngörülemeyen tepkiler veren damarlar tanımladılar. Bu komplikasyonlar münferit değildi; yanmış maddelerin günlük solunmasının kümülatif etkisini yansıtıyordu.

Sonuç olarak, günlük esrar kullanımını özellikle tehlikeli kılan şey, zararsızlık yanılsamasıydı. Etkileri kademeli ve sessizce ortaya çıktığı için, günlük kullanıcılar vücutlarında biriken riskleri algılamıyorlardı. Endotel disfonksiyonunun geliştiğini, plak oluşumunu, hava akışının daralmasını veya kirpiklerin ölmesini hissetmiyorlardı. Stresi yönettiklerine, yaratıcılığı artırdıklarına veya uykuyu desteklediklerine inanıyorlardı. Oysa her nefeste fizyolojik maliyet artıyordu.

Günlük sigara içenlerin yaşam döngüsünü anlamak, kültürel konuşmalarda sıklıkla gözden kaçan bir gerçeği ortaya çıkardı: sıklık önemliydi. Etki gücü önemliydi. Solunum yöntemi önemliydi. Bu faktörler bir araya geldiğinde, riskler katlanarak artıyordu. Günlük kullanıcılar, çok az kişinin kaçınılmaz hale gelene kadar fark ettiği sürekli kardiyovasküler zorlanmaya, kronik solunum yolu tahrişine ve uzun vadeli damar hasarına maruz kalıyorlardı.

Günlük döngü sadece bir rutin değildi; güçlü dumana, yüksek THC'ye ve zamanla vücudu yeniden şekillendiren fizyolojik stres faktörlerine sürekli maruz kalma anlamına geliyordu. Bu örüntüyü fark etmek, bireylere alışkanlıklarını yeniden değerlendirme ve günlük kullanımın sessiz tutarlılığının, sandıklarından çok daha ciddi sonuçlar doğurduğunu anlama fırsatı sunuyordu.

Bölüm 15 – Ruh Sağlığı Bağlantıları: Kaygı, Depresyon ve Kalp Stresi

Zihin ve kalp arasındaki ilişki, çoğu insanın fark ettiğinden her zaman daha yakın olmuştur ve esrar kullanımı bağlamında Dr. London, bu bağlantının çok fazla kişi tarafından çok geç olana kadar hafife alındığını sık sık dile getirmiştir. Hastaların öykülerini dinlerken veya vücut çökme belirtileri göstermeden çok önce içsel kaosa işaret eden çizelgeleri incelerken, bunun sessizce, bazen görünmez bir şekilde ortaya çıktığını görmüştür. Bu, bekleme odalarında aile üyelerinin mırıldandığı cümlelerde yansıyacaktır; örneğin şu gibi ifadelerde:"*Son zamanlarda endişeliydi.*" veya "*Sigara içtikten sonra kalbinin hızlandığını söyledi ama bunun normal olduğunu düşünüyordu.*"Bunlar, THC'nin sinir sistemiyle nasıl iç içe geçtiğini ve bunun aracılığıyla kardiyovasküler sisteme şaşırtıcı bir yük bindirdiğini gösteren daha büyük bir tabloyu çizen küçük gerçek parçalarıydı.

Esrar genellikle rahatlatıcı bir madde olarak çerçeveleniyordu; insanlar stresi azaltmak veya uzun bir günün ardından gevşemek istediklerinde ona başvuruyorlardı, ancak gözlemlediği gerçeklik daha karmaşıktı. Birçok bireyde, özellikle günlük kullananlarda, THC zihni tam tersi yöne itme eğilimindeydi. Sakinlik yerine, ani korku patlamalarına, mantıksız panik anlarına, ani felaket hislerine ve paranoya dalgalarına neden oluyordu. Birisi bunu ilk kez yaşadığında, genellikle bunu kötü bir güne bağlıyor veya beklenenden daha güçlü bir türe bağlıyordu. Ancak bu psikolojik olayların altında sessizce başka bir şey gelişiyordu: Kalp hızla, güçlü bir şekilde, neredeyse umutsuzca tepki veriyordu, sanki vücut aniden tehlikeden kaçtığına inanıyordu.

Bu fizyolojik tepki tıp literatüründe sayısız kez açıklanmıştı, ancak gerçek insanlarda görüldüğünde çok daha endişe verici hale geldi. Kalp atış hızındaki artış—bazen solunmanın ardından dakikalar içinde ikiye katlanması—sadece başlangıçtı. Kan basıncı hızla yükselir, vücuttaki damarlar daralır, adrenalin gibi stres hormonları yükselir ve zaten hafif altta yatan hassasiyetleri olanlar için bu kombinasyon tehlikeli olabilirdi. Dr. London, "panik atak" nedeniyle acil servise defalarca gittikten sonra kendisine yönlendirilen yirmili yaşlarında genç bir kadını hatırladı. Her atakta göğüs ağrısı, çarpıntı ve kollarında uyuşma bildirmişti. Birçok kişi gibi o da, sıkıntısının duygusal bir şeyden kaynaklandığını varsaymıştı. Ancak testleri incelendiğinde, kalbinin sempatik sinir aktivitesindeki ani artışlara tepki verdiği—ve bunun da günde iki kez içtiği esrarla doğrudan bağlantılı olduğu—açıkça ortaya çıktı.

Onun durumu benzersiz değildi. Birçok kullanıcı, esrarın duygusal deneyimlerini yumuşatmak yerine yoğunlaştırdığını keşfetti. Bazıları için bu, stresi azaltmak için kullandıkları ancak bunun sonucunda daha da büyük stres yaşadıkları bir döngü yarattı. Rahatlama ve rahatsızlık arasındaki bu salınım, iki yönlü bir yük oluşturdu: biri ruh sağlığına, diğeri kardiyovasküler sisteme. Dr. London sık sık, kronik stres faktörlerinin, hatta maddelerle yapay olarak tetiklenenlerin bile, kalbi her zaman tehlikenin yakın olduğu gibi davranmaya zorladığını ve hiçbir organın sonuçsuz bir şekilde bu kadar aşırı tetikte olamayacağını açıklamaya çalıştı.

Depresyon da bu konuşmada kendine yer buldu. Günlük esrar kullanıcılarının önemli bir kısmı duygusal donukluk, motivasyon eksikliği, uzun süreli düşük ruh hali veya sigara içmeden neşe duyamama gibi sorunlar bildirdi. Zamanla, bu duygusal bağımlılık günlük yaşamlarına ince bir yük gibi baskı yaptı. Fizyolojik açıdan bakıldığında, depresyon kalp ritmini değiştirdi, iltihabı artırdı, uykuyu bozdu ve hormonal dengesizliklere katkıda bulundu; bunların hepsi de kardiyovasküler riski artıran faktörlerdi. THC'nin etkilerinin bu duygusal mücadelelerle birleşimi, Dr. London'ın "görünmez stres yükü" olarak tanımladığı, fiziksel semptomlar ortaya çıkana kadar hastaların fark etmesi zor olan ağır bir durum yarattı.

Hastaların muayenehanesinde oturup zararsız olduğunu düşündükleri olayları anlattıkları anlar olurdu; kalplerinin göğüslerinde çarpıntı hissi, geceleri onları ürküten düzensiz kalp atışları veya sebepsiz yere uyandıran ani korku nöbetleri gibi. Bunları aşırı aktif bir stres tepkisinin belirtileri olarak algılayarak dikkatle dinlerdi. Birçoğu esrarın aritmiyi tetikleyebileceğinin veya mevcut aritmileri kötüleştirebileceğinin farkında değildi. THC soluduklarında, beynin korku devreleri beklenenden daha yoğun bir şekilde aktive olurdu ve zihin endişeye kapıldıkça, kalp algılanan tehdide uyacak şekilde hızlanırdı. Panik ve kalp çarpıntıları genellikle birlikte ortaya çıkar, birbirini besleyen bir döngü oluşturarak kullanıcıyı sarsılmış, kafası karışmış ve rahatlama bulmak için maddeye daha bağımlı hale getirirdi.

Daha da endişe verici olan, duygusal istikrarsızlık belirtileri gösteren ancak bunu kişilik değişiklikleri veya işle ilgili stres olarak geçiştiren uzun süreli kullanıcılar oldu. Sürekli THC maruziyetinin nörotransmitterlerin davranışını değiştirdiğinin farkında değillerdi. İlacın etkileşimde bulunduğu reseptörler, ruh halini, hafızayı ve duygusal düzenlemeyi kontrol eden sistemlerle derinden iç içe geçmişti. Zamanla, bu değişiklikler anksiyete bozukluklarına, depresif dönemlere ve kronik sinirliliğe katkıda bulunabilir. Vücut, bu duygusal değişimlere zihin kadar güçlü tepki verdi. Duygusal sıkıntıyı algılayan kalp, kan basıncında ani yükselmeler, düzensiz ritimler ve artan oksijen ihtiyacıyla yanıt verdi.

Otuzlu yaşlarının ortalarında bir adamın hikayesi, Dr. London'ın yıllarca aklında kaldı. Yirmili yaşlarının başından beri yoğun bir şekilde esrar kullanıyordu ve bunun onu "dengede" tuttuğuna inanıyordu. Evde şiddetli göğüs ağrısıyla yere yığıldıktan sonra hastaneye geldi. Kalp krizinden sonunda iyileşse de, Dr. London'ı en çok etkileyen şey adamın sergilediği duygusal kırılganlıktı. Kaygısı yıllar içinde artmıştı ve tıbbi değerlendirme sırasında, kalbinin yere yığılmadan çok önce de zorlandığı anlaşıldı. Kronik kaygı, kardiyovasküler sistemini yıllarca yüksek bir alarm durumuna itmişti ve bu kaygıyı hafifletmek için her esrar kullandığında, THC fizyolojik stresi azaltmak yerine artırmıştı.

Başka bir hasta, genç bir üniversite öğrencisi, sigara içtikten dakikalar sonra ezici bir korku hissettiği anları anlattı. Kalbi kontrolsüzce hızlanıyor, görüşü bulanıklaşıyor ve birkaç saniye boyunca felaket bir şey olacağına inanıyordu. Bu anların psikolojik olduğunu, fiziksel sağlığıyla ilgisi olmadığını düşünmüştü, ancak klinik ortamda izlendiğinde kalp ritminde tehlikeli dalgalanmalar görüldü. THC, kardiyovasküler sistemini sınırın eşiğine getiren bir panik tepkisini tetiklemişti.

Zihinsel ve fiziksel sağlık arasındaki etkileşim sadece teorik değildi. Hastaların titreyerek, nefes darlığı çekerek, kalp çarpıntısıyla ve duyusal algıları bozulmuş halde acil servislere geldiklerinde bu durum her gün gözlemleniyordu. Birçoğu öleceklerini düşünüyordu. Diğerleri ise gerçeklik algılarını kaybettiklerini sanıyordu. Sağlık personeli, esrar kullanımından dakikalar sonra ortaya çıkan yüksek kalp atış hızları, ani kan basıncı yükselmeleri ve düzensiz ritimler kaydediyordu. Altta yatan kalp rahatsızlığı olanlar için, hafif olanlar bile, bu fizyolojik yükselmeler ciddi komplikasyonların tetikleyicisi olabilirdi.

Dr. London sıklıkla kaygının vücutta hormonal bir fırtına yarattığını açıklıyordu. Kortizol ve adrenalin yükseliyor, kan damarlarını daraltıyor ve kalbin daha fazla çalışmasına neden oluyordu. Esrar kaygıyı bastırmak yerine yoğunlaştırdığında, kullanıcılar farkında olmadan kardiyovasküler sistemlerini tekrarlanan, gereksiz bir strese maruz bırakıyorlardı. Zamanla bu durum iltihaplanmaya, plak oluşumuna ve kalp krizi veya aritmi gibi akut olaylara karşı savunmasızlığa yol açıyordu.

Duygusal sıkıntı ve fiziksel zorlanma arasındaki geri bildirim döngüsü çok güçlüydü. Sigara içtikten sonra kaygı yaşayan biri kalbinin hızlandığını fark ederdi ve bu hissin tetiklediği korku, kalbin daha da hızlı atmasına neden olurdu. Bu döngü dakikalarca veya saatlerce devam edebilirdi ve kalp sorunlarına yatkın biri için vücudun içinde tehlikeli bir ortam yaratırdı. Dr. London, kalp hastalığı öyküsü olmayan kişilerin yıllarca süren duygusal olarak dengesiz esrar kullanımından sonra aniden önemli kardiyak semptomlar geliştirdiğini görmüştü.

Depresyon, bu kısır döngüye daha sessiz ama aynı derecede zararlı şekillerde katkıda bulundu. Depresyondaki bireyler genellikle kötü uyur, egzersiz yapma motivasyonundan yoksun kalır ve başa çıkmak için daha fazla madde tüketirdi. Sadece kötü uyku bile kardiyovasküler riskleri artırarak gece kan basıncı düzenlerini değiştirir ve kalbin gün boyunca daha fazla çalışmasına neden olurdu. Birçok esrar kullanıcısı, normal uyku döngülerini bozduğunun ve kalp iyileşmesi için gerekli olan derin uyku aşamasını azalttığının farkında olmadan uyku için bu maddeye bağımlıydı. Vücutları kronik uyku yoksunluğundan muzdaripken, sadece yüzeysel olarak dinlenmiş hissederlerdi ve bu da kardiyovasküler riski yavaş yavaş artırırdı.

THC'nin neden olduğu zihinsel gerginlik, duygusal istikrarsızlık ve fizyolojik stresin birleşimi, mükemmel bir fırtına yarattı. Bu etki anında ortaya çıkmadı ve her zaman dramatik hissettirmedi. Çoğu kullanıcı bunu ince değişiklikler olarak tanımladı: daha fazla sinirlilik, daha fazla yorgunluk, ara sıra kalp çarpıntısı, hızla geçen korku anları. Bu anların biriktiğini ve her birinin kardiyovasküler sistemlerine yeni bir stres katmanı eklediğini nadiren fark ettiler.

Klinik uygulamada, Dr. London'ın açıklamaları hastalarını sık sık şaşırtıyordu. Birçoğu, bazen isteksizce de olsa, esrarın aradıkları yatıştırıcı etkilerinin, zihin ve kalp üzerinde yarattığı önemli baskı tarafından gölgede bırakıldığını anlamaya başladı. Rahatlama sandıkları şey çoğu zaman duygusal uyuşmaydı; stres atma sandıkları şey ise bazen fizyolojik stresin başka bir döngüsünün başlangıcıydı.

Zihin ve kalp birbirinden ayrı, izole bir şekilde çalışan varlıklar değildi. Kaygı, damarları daralttığı kadar göğsü de sıkıştırıyordu. Depresyon, kalp atışının ritmini zayıflattığı gibi motivasyonu da zayıflatıyordu. THC bu hassas sisteme girerek hem duygusal hem de fiziksel cephelerden baskı uyguluyor ve kullanıcının tam olarak farkına varmadan yükü yoğunlaştırıyordu.

Dr. London bu bölümün derslerini tamamladığında, mesaj netleşmişti: esrarın ruh sağlığı üzerindeki etkisi, kardiyovasküler sağlık açısından da derin sonuçlar doğuruyordu. Kaygı, panik, duygusal dengesizlik ve depresif döngüler sadece psikolojik sorunlar değildi; gerçek, ölçülebilir kalp stresine yol açan yollardı. Ve görünmeyen gerilimin çoğu zaman en tehlikeli olduğu bir dünyada, bu bağlantıyı anlamak, önleme ile trajedi arasındaki farkı yaratabilirdi.

Bölüm 16 – "Doğal Olduğu İçin Güvenlidir": En Tehlikeli Varsayım

Doğal olan bir şeyin güvenli olması gerektiği fikri nesiller boyunca süregelmiş, kültürlere, konuşmalara ve insanların sorgulamadan sürdürdüğü alışkanlıklara işlemişti. Dr. London bunu sayısız kez, sanki bu ifadenin kendisi inkar edilemez bir gerçeği barındırıyormuş gibi, sessiz bir kesinlikle söylendiğini duymuştu. Hastane odalarında söyleniyor, bekleme salonlarında fısıldanıyor ve kendi kırılganlıklarını kabul etmekte zorlanan hastaların sunduğu bahanelere işlenmişti. Şu gibi ifadelerde ortaya çıkıyordu:*"Ama bu sadece bir bitki."* veya *"Organik olduğu için zararlı olamaz."*Sanki bir maddenin basit kökeni, onun yarattığı karmaşık biyolojik sonuçları ortadan kaldırıyormuş gibiydi. Yıllar içinde, bu inancın -bu natüralist yanılgının- sadece en kalıcı yanlış anlamalardan biri değil, aynı zamanda en tehlikelilerinden biri olduğunu öğrenmişti.

Doğanın, diye sık sık kendine hatırlatırdı, asla güvenlik vaat etmediğini. Yaratımlarının zararsız veya nazik olduğunu asla iddia etmemişti. Doğa hem şifa hem de zehir, hem iyileştirici yapraklar hem de zehirli çiçekler barındırıyordu. İnsanlar bazı tehlikeleri tanımlayacak şekilde evrimleşmişti, ancak diğerleri hoş kokuların veya zararsız görünümlerin altında gizli kalmıştı. Çalışmalarında, yalnızca "doğal" etiketine dayalı bir güvenlik varsayımının, bireyleri bedenleri artık sonuçlara dayanamayacak hale gelene kadar risklere karşı nasıl kör edebileceğinin günlük hatırlatıcılarını görüyordu.

Ameliyat sonrası iyileşme odasında, yirmili yaşlarının sonlarında olan ve hayatının hiç beklemediği bir döneminde acil bypass ameliyatı geçiren bir adamla yaptığı bir konuşmayı hatırladı. Adam, ağır esrar kullanımının durumuna katkıda bulunamayacağını ısrarla savunmuştu çünkü, pasif bir şekilde ifade ettiği gibi, "işlenmiş herhangi bir şeyden daha güvenli olduğuna inanmıştı." Bunu kibirden ziyade şaşkınlıkla söylemişti, sanki içsel mantığı sarsılmış ama henüz anlayışla yer değiştirmemişti. Dr. London, adamın dile getirdiği şeyin, on yıllar boyunca kök salmış daha geniş bir kültürel anlatıyı yansıttığını bilerek sabırla dinlemişti. Esrar, bir bitkiden elde edildiği için, tüketim yöntemi (yakma ve soluma) onu vücudu iyileştirmeyi veya yatıştırmayı amaçlayan her şeyden tamamen farklı bir kategoriye yerleştirse de, bitki çayları, baharatlar veya doğal ilaçlarla aynı kategoriye sokulmuştu. Bitkinin yakılıp yakılmadığına bakılmaksızın, sigara içmek yanma, ısı ve hiçbir insan akciğerinin başa çıkamayacağı zehirli yan ürünler yaratırdı. Yine de, esrarın laboratuvardan gelmediği ve kimyasal katkı maddeleri içermediği için, diğer duman türlerinde görülen biyolojik sonuçlardan bir şekilde muaf olması gerektiği fikri devam etti.

Dr. London, bu inancın, doğanın güvenli bir şekilde paketlediğine inandıkları bir şeyde rahatlık bulmak isteyen gençler, genç yetişkinler ve daha yaşlı bireyler tarafından alınan kararları etkilediğini görmüştü. Bazıları bunu akranlarından, bazıları medyadan, birçoğu da topluluklar arasında aktarılan kültürel hikayelerden duymuştu. "Organik duman" kavramı, sanki doğal olarak etiketlenen her şey otomatik olarak güven kazanıyormuş gibi garip bir çekiciliğe sahipti. Ancak insan vücudu güvenliği etiketlere göre değerlendirmez; kimyasal bileşiklere, toksinlere, partikül maddelere ve ısıya tepki verir; bunların hepsi esrar dumanında mevcuttur.

Kırklı yaşlarının başlarında, yıllarca her gün esrar içmesi sonucu nefes darlığı giderek kötüleşen bir kadınla tanıştığını hatırladı. Esrarı sadece eğlence amaçlı değil, daha bütünsel bir yaşam tarzının parçası olarak kullanmıştı. Organik gıdaları tercih etmiş, işlenmiş ürünlerden kaçınmış ve sağlığa doğal yaklaşımlara güçlü bir şekilde inanmıştı. Tarama sonuçları hava yollarında önemli iltihaplanma ve kronik bronşitin erken belirtilerini ortaya çıkardığında şok olmuştu. Pasif bir şekilde, "doğal şeylerin güvenli olması gerektiğini düşünmüştüm" demişti, sanki seçimlerinin temeli ona ihanet etmiş gibiydi. O anda Dr. London, varsayımların sadece bireysel davranışlar üzerindeki değil, insanların sessizce birikmiş zarara karşı kendilerine sundukları gerekçeler üzerindeki derin etkisini bir kez daha anlamıştı.

Doğanın karmaşıklığı, eğitimsiz gözler için çoğu zaman görünmez kalmıştır. Bir yaprak zararsız görünebilir ancak organ yetmezliğine neden olabilecek bileşikler içerebilir. Bir çiçek narin görünebilir ancak kalbi felç edebilecek toksinler barındırabilir. Doğal dünya, bilim tarafından bilinen en güçlü zehirlerden bazılarını içeriyordu: miligramda öldürebilen özler, sinir sistemine zarar verebilen bitkiler, karaciğeri tahrip edebilen mantarlar. Ancak bunların hiçbiri, biyolojik imzalarını nasıl okuyacağını bilmeyenler için uyarı işaretleri taşımıyordu. Bir maddenin laboratuvardan değil de topraktan çıktığı için güvenli olduğunu varsaymak, hem doğayı hem de onunla etkileşime giren bedeni yanlış anlamaktı.

Tıp alanında bile, birçok hayat kurtarıcı tedavi doğal kaynaklardan geliyordu ancak zarar vermemek için rafine edilmeleri, kontrol edilmeleri ve hassas dozlamaları gerekiyordu. Haşhaş bitkisinden elde edilen morfin, doğru uygulandığında hayat kurtarabilirken, yanlış kullanıldığında ölümcül sonuçlara yol açabiliyordu. Yüksükotundan elde edilen dijitalis, kalp ritmini düzenleyebiliyor ancak aşırı miktarda alındığında ölümcül şekilde bozabiliyordu. Çare ile zehir arasındaki çizgi her zaman inceydi ve bu çizgide gezinmek varsayımlardan ziyade bilgi gerektiriyordu. Esrar, bir bitki olmasına rağmen, beyin ve kardiyovasküler sistem üzerinde güçlü bir şekilde etki eden bileşikler içeriyordu. THC, kalp atış hızını yükseltebilir, kan damarlarını daraltabilir ve kalbin oksijen ihtiyacını artırabilirdi. Yakıldığında, esrar bitkisi katran, tahriş ediciler, kanserojenler ve partiküller salıyordu; bunların hepsi, hiçbir "doğal" etiketlemenin yumuşatamayacağı şekillerde akciğerlere zarar veriyordu.

Dr. London'ın deneyimine göre, doğalcı yanılgı sadece yanıltmakla kalmadı; aynı zamanda uyanıklığı körelten bir rahatlık hissi de sağladı. Her gün esrar içen insanlar, akciğerlerinin nasıl tepki verdiğini nadiren düşünürlerdi, çünkü bu eylem tanıdık, sıradan ve kültürel bir güvenceyle destekleniyordu. Bir sigara yakma, derin nefes alma ve dumanı dışarı verme hareketi ritüelleşmiş, yaşamlarının ritmine işlemiş bir şey haline gelmişti. Vücudun uyarıları -öksürme, hırıltı, göğüs sıkışması- genellikle geçici veya önemsiz olarak göz ardı ediliyordu. Sonuçta, sessizce şöyle düşünüyorlardı: Bir bitkiden geliyorsa ne kadar zararlı olabilir ki?
Aynı mantığı diğer maddelerde de görmüştü. Düzenleme olmadan satılan "doğal" takviyelerle deney yapan, bazılarının tehlikeli seviyelerde uyarıcı içerdiğinden habersiz bireylerle ilgili vakaları tedavi etmişti. Mevcut ilaçlarıyla uyumsuz kirleticiler veya bileşikler içeren bitkisel ilaçlardan zehirlenen hastaları görmüştü. Her vakada, temel varsayım aynıydı: doğal olan güvenlidir. Ancak sonuçlar bu inancı defalarca çürütmüştü.

Esrarın kültürel konumu, onu bu yanlış algıya karşı özellikle savunmasız hale getirmişti. Sakinlik, yaratıcılık, rahatlama ve doğal iyileşme ile ilişkilendiriliyordu. Uzun süredir devam eden geleneksel kullanımı, zararsız olması gerektiği algısını daha da güçlendiriyordu. Ancak geleneksel kullanım, modern piyasalarda geliştirilen yüksek etkili türleri veya günümüzde mevcut olan konsantre formları içermiyordu. Modern esrar bitkisi, önceki nesillerin tükettiğiyle çok az benzerlik gösteriyordu. Daha yüksek THC seviyeleri, daha yoğun duman yoğunluğu ve daha belirgin kardiyovasküler etkiler taşıyordu; bu faktörler, insanların başka bir çağdan miras kalan varsayımlara güvenirken nadiren hesaba kattıkları unsurlardı.

Otuzlu yaşlarının başlarında genç bir adam olan bir hasta, stresli bir hafta boyunca yoğun bir şekilde esrar kullandıktan sonra şiddetli göğüs ağrısıyla hastaneye gelmişti. Kullanımı sorulduğunda, "esrarı sigara veya alkole doğal bir alternatif gibi geldiği için seçtiğini" pasif bir şekilde söylemişti. Herhangi bir dumanı solumanın doğasında var olan riskleri hiç sorgulamamıştı. Ona göre, bitkiden çıkan duman, işlenmiş ürünlerden çıkan dumandan daha az tehlikeli görünüyordu. Ancak atardamarları farklı bir hikaye anlatıyordu. Tarama sonuçları, iltihaplanma, erken plak oluşumu ve yıllarca süren kardiyovasküler zorlanmaya işaret eden stres belirtilerini ortaya koydu. Görüntülere inanmazlıkla baktı ve daha güvenli bir yol izlediğine dair inancıyla bunları bağdaştırmaya çalıştı.

Doğal güvenlik algısı, insanların zararın erken belirtilerini fark etmesini de zorlaştırdı. Kalp çarpıntısı yaşadıklarında bunu kaygıya veya yorgunluğa bağladılar. Nefes darlığı hissettiklerinde ise hava koşullarını veya egzersiz eksikliğini suçladılar. Göğüs sıkışması fark ettiklerinde ise bunu kas gerilmesi olarak geçiştirdiler. Zihin, inanç sistemini koruyarak, vücudun sinyallerini doğru olduğunu varsaydıkları şeyin merceğinden süzdü. Tıbbi yardım aradıklarında ise hasar genellikle beklenenden daha ilerlemiş oluyordu. Yıllarca her gün esrar içmek, akciğerlerde, kalpte ve kan damarlarında sessizce biriken ve sonunda görmezden gelinemez hale gelen izler bıraktı.

Doğal köken ve biyolojik etki arasındaki ayrım kritik hale geldi. Vücut, bir maddenin topraktan mı yoksa laboratuvardan mı geldiğini değerlendirmedi; kimyasal bileşimini ve tetiklediği fizyolojik değişiklikleri değerlendirdi. Katran, karbonmonoksit, kanserojenler ve partikül maddeler, tütün veya esrar kaynaklı olmalarına bakılmaksızın akciğerlerle aynı şekilde etkileşime girdi. Isı, bitkinin organik veya seri üretim olmasına bakılmaksızın solunum yolu astarına zarar verdi. Yanma yan ürünleri, bitkinin kültürel itibarına bakılmaksızın oksijen değişimini bozdu. Kalp, THC kaynaklı strese, herhangi bir uyarıcıya verdiği tepki gibi, daha çok çalışarak, daha hızlı atarak ve daha fazla oksijen talep ederek tepki verdi.

Dr. London, natüralist yanılgıya meydan okumanın sabır, açıklık ve şefkat gerektirdiğini biliyordu. İnsanlar bu inançlara inatçılıktan değil, güvenden dolayı bağlı kalıyorlardı; büyürken duydukları anlatılara, kültürel mesajlara ve kendi akıl yürütmelerine duydukları güvenden dolayı. Bu güveni kırmak, korkuya değil, biyolojik gerçeğe dayanan yeni bir anlayış biçimi sunmak anlamına geliyordu. İnsanların doğal köken ile fizyolojik güvenlik arasındaki farkı görmeleri gerektiğini anlamıştı. Vücudun doğal ve yapay zararlar arasında ayrım yapmadığını anlamaları gerekiyordu.

Hastalarıyla yaptığı konuşmalarda, doğayı sıklıkla ikili bir güç olarak tanımlardı. Beslenme, şifa ve güzellik sağlarken aynı zamanda tehlike, zehir ve öngörülemezlik de sunuyordu. İnsanlar, güvenliği varsayarak değil, bu tehlikeyi tanımlamayı ve ona saygı duymayı öğrenerek hayatta kalmışlardı. Bireyler doğal maddelere sorgusuz sualsiz güvendiklerinde, doğanın taşıdığı karmaşıklığı fark edemedikleri için kendilerini dezavantajlı bir duruma sokuyorlardı.

Dr. London, bu bölümün amacını düşünürken, bunu sadece bir yanılgıya karşı bir yanıt olarak değil, bir hatırlatma olarak gördü. Güvenliğin kökenle değil etkiyle, kültürel rahatlıkla değil biyolojik gerçeklikle belirlendiğinin bir hatırlatmasıydı bu. Okuyucuların "doğal" etiketinin ötesini göreceklerini ve vücudun tepkilerinin duyguya değil bilime dayandığını anlayacaklarını umuyordu.

Sonuç olarak, en tehlikeli varsayım esrarın doğal olduğu değil, doğanın kendisinin özünde güvenli olduğu varsayımıydı. Bu ayrımı fark etmek, erken farkındalık ile geç pişmanlık, önleme ile kriz, korunmuş bir inanç ile korunmuş bir yaşam arasında fark yaratabilirdi.

Bölüm 17 – Sosyal Medya Yanlış Bilgilendirmesi: TikTok, Instagram ve Yanlış Tavsiyelerin Yükselişi

Modern bilgi ortamı, gerçeğin eğlenceyle rekabet ettiği ve eğlencenin çoğu zaman kazandığı bir yer haline gelmişti. Dr. London bu dönüşümün araştırma dergilerinde veya tıp konferanslarında değil, hastalarının ekranlarında gerçekleştiğini izlemişti; on beş saniye süren ancak çok daha uzun süren sonuçlar doğuran videolarla dolu küçük, parlayan dikdörtgenler. Bir zamanlar yaratıcılık ve bağlantı için tasarlanmış olan TikTok ve Instagram gibi platformlar, yavaş yavaş sağlık tavsiyelerinin içeriğe, içeriğin paraya ve etkileyicilerin niteliklerine bakılmaksızın yeni otoritelere dönüştüğü arenalara dönüşmüştü.

Hastaların muayenehanesine girerken internette gördükleri bir şeyden bahsetmeleri alışılmadık bir durum değildi. Bu ifadeler, güvenilir kaynaklardan edinilmiş gerçekleri tekrarlıyormuş gibi, pasif bir şekilde geliyordu:"*İnternette esrarın kan basıncını düşürdüğü söyleniyordu.*" veya "*Bir yaratıcı, doğal dumanın akciğerleri temizlediğini açıklamıştı.*" veya "*Bir sosyal medya fenomeni, esrarın stresi azaltarak kalbi koruduğunu iddia etmişti.*"Bu ifadeler, temelleri yanlış anlamalara, kısmi gerçeklere veya tamamen uydurmalara dayanmasına rağmen, inanç dolu bir güven taşıyordu. Dr. London, bu tonu –çekici görseller, akılda kalıcı müzik veya karizmatik kişilikler aracılığıyla tekrar tekrar alınan bilgilerden kaynaklanan ince bir kesinliği– tanımayı öğrenmişti.

Yanlış bilgilerin insanların zekâsızlığından değil, çevrimiçi sistemlerin incelik, doğruluk ve ihtiyat yerine basitliği, cesareti ve duyguyu ödüllendirmesinden kaynaklandığını anladı. Algoritmalar doğru olanı değil, izlenen, paylaşılan ve etkileşim kurulan şeyleri değerlendiriyordu. Ve doğal, isyankar veya popüler alışkanlıkları destekleyici görünen tavsiyeler, ölçülülüğü veya risk farkındalığını teşvik eden içeriklerden çok daha fazla ilgi görüyordu. Bu nedenle, dengeli sağlık tartışmaları göz ardı edilirken, esrar kullanımını yücelten videoların yaygın olarak dolaşması şaşırtıcı değildi.

Binlerce kez paylaşılan bir videoya dayanarak esrarın "akciğerleri detoksifiye edebileceğini" ısrarla savunan genç bir hastayı hatırladı. Kız, "videoyu hazırlayan kişi bunu açıkça anlattı" demişti, ancak bilimsel dili taklit eden ama anlamını tamamen çarpıtan bir jargon kullanmıştı. Videoyu hazırlayan kişi, "bitki temizleme özellikleri", "doğal duman dengesi" ve "antik akciğer arındırma" gibi otoriter görünmek için tasarlanmış ancak biyolojik doğruluktan yoksun ifadeler kullanmıştı. Genç hasta buna gönülden inanmıştı, çünkü video bir milyon kişi tarafından beğenilmiş ve yorumlarda onay dolu ifadelerle desteklenmişti.

Dr. London, bitkisel kaynağı ne olursa olsun dumanın akciğerleri iyileştirmek yerine zarar verdiğini nazikçe açıklamıştı. Kadın dinlemişti, ancak Dr. London, sakin ve uzun tıbbi açıklama ile tükettiği hızlı ve duygusal olarak etkileyici çevrimiçi içerik arasındaki muazzam farkın yarattığı direnci hissetmişti. Onun dünyasında uzmanlık, kimlik bilgileriyle değil, viraliteyle ölçülüyordu. Ve iddia ne kadar uçuk olursa, o kadar hızlı yayılıyordu.

Çoğunun tıbbi geçmişi olmayan etkileyiciler, kamuoyu algısını şekillendirmede güçlü sesler haline gelmişti. Bilgileri çekici şekillerde sunuyorlardı: renkli grafikler, mizahi skeçler, hızlı kurgular ve her mesajın tanıdık gelmesi nedeniyle güvenilir hissettiren müzikler. Birçok etkileyici kasıtlı olarak yanıltıcı değildi; sadece duyduklarını tekrarlıyorlardı ve yanlış yorumlama zincirine katkıda bulunduklarının farkında değillerdi. Bununla birlikte, bazıları kasıtlı olarak güçlü tepkiler uyandırmak için tasarlanmış içerikler üretiyordu, çünkü tartışma ve heyecan görünürlüğü artırıyordu.
Bazı esrar pazarlamacıları bu platformları stratejik olarak kullanarak, yaşam tarzı görsellerini esrarı zararsız veya faydalı olarak gösteren sağlık iddialarıyla harmanladılar. Kullanıcıların rahatladığı, yürüyüş yaptığı, meditasyon yaptığı veya yemek pişirdiği görselleri, esrarın sağlığı iyileştirdiği, yaratıcılığı artırdığı ve kalp sağlığını geliştirdiği yönünde ince bir ima ile sundular. Hatta bazıları meşru bilimsel çalışmaları yeniden kullanarak, ürün satışlarını artıracak anlatılara uyması için sonuçları çarpıttılar. Esrarın kısa vadeli rahatlama etkilerini belirten bir çalışmadan alınan bir satır, genel bulgular tam tersini gösterse bile, esrarın stresle ilişkili kalp hastalığını önlediği yönünde kapsamlı bir iddiaya dönüştürülebiliyordu.

Bu manipülasyon, çoğu izleyicinin her iddiayı doğrulamak için zamanı veya ilgisi olmaması nedeniyle gelişti. İnsanlar doğal olarak arzularını veya inançlarını destekleyen bilgilere yönelirler ve esrarın giderek normalleşmesi, yanlış bilgilendirme için verimli bir zemin yarattı. Platformların kendileri de bu süreci hızlandırdı. TikTok'un algoritması, kullanıcı davranışını saniyeler içinde değerlendiriyordu: Birisi esrarla ilgili tek bir videoyu bile sonuna kadar izlerse, sistem bunu ilgi olarak yorumluyor ve benzer videolar önermeye başlıyordu. Dakikalar içinde, bir izleyici, her içerik üreticisinin aynı mesajı pekiştirdiği -esrarın zararsız, sağlıklı veya diğer maddelerden üstün olduğu- özenle hazırlanmış bir dünyaya dalabiliyordu.

Dr. London sonuçları gerçek zamanlı olarak gördü. Hastalar sağlık risklerini açıklarken başlarıyla onaylıyorlardı, ancak içlerindeki zihinsel çatışmayı hissedebiliyordu. Zihinlerinde, TikTok ve Instagram'dan gelen görüntüler genellikle klinik kanıtların önüne geçiyordu. Esrarın "en güvenli alternatif", "doğal bir ilaç" veya "eski bilim tarafından yanlış tanıtılan şifalı bir bitki" olduğunu öne süren paylaşımlara tekrar tekrar maruz kalmışlardı. Bu mesajlar duygusal olarak yankı buluyordu çünkü rahatlık ve onay sunuyordu. Karmaşık ve bazen rahatsız edici olan gerçek, güçlendirme kılıfına bürünmüş basitlikle iyi bir şekilde rekabet edemiyordu.

Aklına başka bir vaka geldi: Stresli bir dönemde yoğun bir şekilde esrar kullandıktan sonra korkutucu kalp çarpıntıları yaşayan otuzlu yaşlarının ortalarında bir adam. Kullanımı sorulduğunda, adam pasif bir şekilde, "İnternette esrarın kalp ritmini düzenlemeye yardımcı olduğu açıklanmıştı" demişti. Takip ettiği yanlış bilgi, sık sık sağlık tavsiyeleri yayınlayan ancak tıbbi terminolojiyi yanlış kullanan bir içerik üreticisinden geliyordu. İçerik üreticisi, esrarı "doğal bir kalp gevşetici" olarak tanımlamış, THC'nin kalbi yatıştırdığını ve dolaşımı iyileştirdiğini iddia etmişti. Kendinden emin bir şekilde sunulan ve çekici görsellerle desteklenen bu ifadeler, binlerce izleyiciyi ikna etmeye yetmişti. Ancak Dr. London'ın karşısında oturan adam gerçeği acı bir şekilde öğrenmişti: ambulans yolculuğu ve acil serviste geçirdiği saatler boyunca.

Dr. London bu değişimin ardındaki psikolojiyi anlamaya çalışmıştı. Birçok insanın artık geleneksel bilgi kaynaklarına güvenmediğini fark etti. Uzmanlar ölçülü bir tonda konuşuyor, temkinli bir dil kullanıyor ve belirsizliği kabul ediyordu. Etkileyiciler ise mutlak bir inançla konuşuyor, karmaşık sorulara basit cevaplar sunuyordu. Onların özgüveni, temkinli doğruluktan daha güçlü bir şekilde yankı buluyordu ve sosyal medyanın hızlı temposu, düşünceli analizleri yavaş ve modası geçmiş hissettiriyordu. İzleyiciler gerçek sonuçları – kalp krizi, akciğer hasarı veya anksiyete atakları – nadiren görüyordu çünkü bu gerçekler kapalı kapılar ardında, cilalanmış video yayınlarında değil, yaşanıyordu.

Ayrıca popüler videolarda sıkça şu gibi ifadelerin kullanıldığını da fark etmişti.*"Doktorlar size bunu söylemeyecekler."* veya *"Büyük şirketler sizin bunu bilmenizi istemiyor."*Bu durum, yanlış bilgilendirmeyi isyankar ve güçlendirici bir şey gibi gösteren bir anlatıya katkıda bulundu. Bu çerçeve, esrarı benimsemenin sadece bir seçim değil, otoriteye karşı bir duruş olduğunu öne sürerek, bu eylemi kültürel olarak çekici bir şeye dönüştürdü. Bilimsel rehberliğin kısıtlayıcı, etkileyici içeriklerin ise özgürleştirici olduğu bir atmosfer yarattı.

Dr. London'ın görüşüne göre sorun, sadece yanlış bilginin var olması değildi; yanlış bilgi her zaman toplumun bir parçasıydı. Asıl sorun, yayılma hızı ve ölçeğiydi. TikTok ve Instagram, düzeltmeler yayınlanmadan önce içeriği çok daha hızlı yaydı. Tek bir yanıltıcı video saatler içinde milyonlara ulaşabilirken, doğru tıbbi bilgiler çarpıcı bir şekilde sunulmadan yaygınlaşmakta zorlanıyordu. Bu dengesizlik, gerçeğin yanlışın gerisinde kaldığı ve zararlı tavsiyelerin uzmanlar müdahale etmeden çok önce normalleştiği bir ortam yarattı.

Esrar kullanımının tetiklediği şiddetli anksiyete ataklarıyla gelen genç bir kadını düşündü. Kadın, pasif bir şekilde açıkladığı gibi, "internet videolarında anksiyete sorunu olanlara yardımcı olduğu söylendiği için" esrar kullanmaya başlamıştı. THC'nin, özellikle yüksek dozlarda, birçok kişide anksiyeteyi kötüleştirebileceğini bilmiyordu. Takip ettiği içerik üreticileri, esrarı tahmin edilemez kılan biyolojik değişkenliği göz ardı ederek, yalnızca sakinleştirici etkilerini sergilemişlerdi. Yaşadığı deneyim korkutucu olmuştu; kalp çarpıntısı, göğüs sıkışması, ezici bir korku... Ve internette gördüğü pembe tablolardan neden farklı bir tepki verdiğini anlamakta zorlanmıştı.

Kısa formatlı içeriklerin yükselişi, incelikleri neredeyse imkansız hale getirmişti. Karmaşık sağlık açıklamaları on beş saniyelik kliplere tam olarak sığmıyordu. Sonuç olarak, içerik üreticileri bağlamı kırpıp geriye sadece parçalar bırakıyorlardı; bu da izleyicilere aldatıcı bir şekilde bütün gibi görünen eksik fikirler bırakıyordu. "İltihap önleyici", "doğal gevşetici" ve "kalp dostu bitki bileşikleri" gibi terimler, dozaj, alım yöntemi veya fizyolojik sonuçlara atıfta bulunulmadan kullanılıyordu. Bu parçalar inanç haline geldi ve bu inançlar davranışları yönlendirdi.

Dr. London'ın meslektaşlarıyla yaptığı görüşmelerde sosyal medya konusu sık sık gündeme geliyordu. Birçoğu, hastaları gerçek riskler konusunda ikna etmenin giderek zorlaştığını belirtmişti. Bir zamanlar tıp uzmanlarına duyulan güven, artık sayısız çevrimiçi kaynak arasında bölünmüştü ve bunların birçoğunun tavsiyelerinin sonuçlarından sorumlu olmadığı görülüyordu. Bilginin demokratikleşmesi güçlendirme sağlamıştı, ancak aynı zamanda uzmanlık ve görüş arasındaki çizgiyi de bulanıklaştırmıştı. Sağlık konularında bu bulanıklık, gerçek, bazen geri döndürülemez sonuçlar doğuruyordu.

Yanlış bilgiyi, görünmez ama yaygın, zihinlere sessizce girip insanların etkilendiğini fark etmeden kararları değiştiren bir tür sessiz kirletici olarak görmeye başlamıştı. Bu durum sadece bireyleri değil, toplulukları da etkileyerek risk ve güvenliğe yönelik kolektif tutumları şekillendiriyordu. Yanlış bilgi hızla yayıldığında, sadece bir kişiyi değil, binlerce, hatta bazen milyonlarca kişiyi yanıltıyordu. Bu büyüklük, kişisel yanlış anlamaları halk sağlığı sorunlarına dönüştürüyordu.

En rahatsız edici kısım, esrar hakkındaki yanlış bilgilerin genellikle olumlu bir şekilde sunulmasıydı. Videolarda insanların arkadaşlarıyla güldüğü, esrarla yemek pişirdiği veya esrarı sağlıklı yaşam rutinlerinin bir parçası olarak kullandığı gösteriliyordu. Bu tasvirler, zararsızlık yanılsaması yaratarak izleyicileri altında gizli olan fizyolojik gerçeklerden koruyordu. Algoritma, akılda kalıcı, mizahi ve görsel olarak çekici içerikleri öne çıkarırken, düşünmeyi gerektiren veya mevcut inançlara meydan okuyan her şeyi geri plana atıyordu.

Dr. London, çözümün ders vermekten veya korku temelli mesajlardan gelmeyeceğini fark etti. Çözüm, anlayış, sabır ve riskleri kamuoyunda yankı uyandıracak şekilde bağlamlandırma isteği gerektiriyordu. İnsanların sadece tehlikeleri değil, mekanizmaları da görmeleri gerekiyordu; duman solunması ile akciğer hasarı, THC artışları ile kalp stresi, sık kullanım ile uzun süreli bağımlılık arasındaki bağlantıyı anlamaları gerekiyordu. İnternette bulunan sterilize edilmiş anlatılara karşı koymak için, gerçek sonuçlara dayanan gerçek hikayeler duymaları gerekiyordu.

Tıbbi konulardaki doğru bilgilerin viral videolarla aynı görünürlüğe sahip olması durumunda neler olabileceğini sık sık hayal ederdi. Kalp damar sistemine yönelik zorlanmanın ayrıntılı bir açıklamasının saniyeler içinde milyonlara ulaşması veya akciğer cerrahlarının hasarlı doku görüntülerini, influencer'ların abartılı sigara içme seanslarını paylaştığı sıklıkla paylaşması nasıl olurdu? Ancak bu tür içeriklerin mevcut ortamda başarılı olmak için gereken eğlence unsurundan yoksun olduğunu biliyordu. Gerçekler, gösterişle iyi rekabet edemezdi.

Yine de umudunu kaybetmedi. Farkındalık yavaş yavaş artmıştı ve tıp eğitimi almış yeni bir nesil, doğru rehberlik sunmak için sosyal medyayı kullanmaya başlamıştı. Bu içerik üreticileri, çoğu zaman daha yüksek sesli kişilerin gölgesinde kalarak zorlu mücadelelerle karşı karşıya kaldılar, ancak yılmadılar. Dr. London, gürültünün arasından sıyrılmanın ne kadar zor olduğunu bilerek, onların bu bağlılığına hayran kaldı.

Yanlış bilgilendirmenin yükselişini düşünürken, sorunun esrarın ötesine uzandığını açıkça gördü. Bu, toplumun bilgiyi tüketme, inanç oluşturma ve sağlık kararları alma biçiminde daha büyük bir değişimi temsil ediyordu. Bu yeni çağda, eleştirel düşünme yeteneği hayati bir beceri haline gelmişti; belki de herhangi bir tıbbi müdahale kadar önemliydi. Bu yetenek olmadan, insanlar ekranlarda kendinden emin yabancılar tarafından sunulan cazip yalanlara karşı savunmasız kalıyordu.

Bu bölümü yazarken, okuyuculara dijital dünyayı daha net bir şekilde görmeleri için bir bakış açısı sunmayı umuyordu; kanıt ile eğlence, uzmanlık ile karizma, gerçek ile gerçeğin yanılsaması arasındaki farkı anlamalarını sağlamayı amaçlıyordu. Çünkü sonuçta, yanlış bilgi sadece anlayışı çarpıtmakla kalmıyor, gerçek davranışları şekillendiriyor, gerçek bedenleri etkiliyor ve gerçek zararlara yol açıyordu. Ve bu sonuçlar, sosyal medya trendlerinin aksine, ekran karardığında ortadan kaybolmuyordu.

Bölüm 18 – Yasallaştırma ve Güvenlik Halosu Etkisi

Çeşitli bölgelerde esrarın yasallaştırılması, yasal sınırları değiştirmekten daha fazlasını yapmıştı; kamuoyu algısını incelikle değiştirmiş ve Dr. London'ın "güvenlik halesi etkisi" olarak adlandırdığı şeyi yaratmıştı. Hastalar, esrar yasal olduğu için minimum risk taşıdığına dair sessiz bir güvenle kliniğine geliyorlardı. Bu inanç nadiren agresif bir şekilde dile getiriliyor, aksine, sanki sadece yasallık koruma sağlıyormuş gibi, konuşmalara pasif bir şekilde yerleştiriliyordu. *"Yasallaştırılmıştı, bu yüzden güvenli olmalı diye düşündü."* Bir hasta, son zamanlarda geçirdiği kalp rahatsızlığını yıllardır süregelen alışkanlık haline gelmiş kullanımla bağdaştırmaya çalışırken başını sallayarak itiraf etti. Bu varsayım yaygındı, nadiren sorgulanıyordu ve genellikle eczane pazarlaması, sosyal anlatılar ve hükümet mesajları tarafından pekiştiriliyordu.

Yasallaştırmanın cezbedici bir sadeliği vardı. Bir madde yasal olarak izin verildiğinde, toplum ona zımni bir onay vermiş gibi görünüyordu. İnsanlar yasaların onları korumak için var olduğunu ve yasal kanalların düzenleme, kalite kontrol ve güvenlik standartlarını ima ettiğini düşünüyorlardı. Eczaneleri, etki gücü, hazırlama ve risk hakkında soruları yanıtlayabilecek uzmanlarla dolu modern eczacılar olarak hayal ediyorlardı. Birçoğu, yasadışıdan yasala geçişin, sanki düzenleme sürecinin kendisi maddeyi arındırıyormuş gibi, önceki tüm tehlikeleri ortadan kaldırdığına inanıyordu. Ancak Dr. London, yasallığın biyolojiyi değiştirme kapasitesinin olmadığını defalarca görmüştü. Yasal veya yasadışı olsun, tütsülenmiş bitki maddesi vücutla aynı fizyolojik yollarla etkileşime giriyor ve aynı kardiyovasküler ve pulmoner riskleri taşıyordu.

Ani bir kalp ritim bozukluğu geçirdikten sonra getirilen, yirmili yaşlarının sonlarında bir hastayı hatırladı. Hasta yıllardır ara sıra esrar kullanıyordu, ancak yakınlarda esrar satış yerleri açıldıktan sonra tüketimi önemli ölçüde artmıştı. Hasta, pasif bir şekilde şunları söylemişti:*Hükümetin kendisine tehlikeli herhangi bir şey satın almasına izin vermeyeceğine inanıyordu.*Gözlerindeki ifade meydan okuma değil, yanlış bir güveni yansıtıyordu. Denetim ve lisanslamanın güvenlik garantisi sağladığını varsaymış, yasal olmanın zararsızlık anlamına gelmediği temel gerçeğini göz ardı etmişti.

Yasallaşmış pazarlardaki pazarlama uygulamaları bu halüsinasyon etkisini daha da güçlendirmişti. Eczaneler esrarı bir yaşam tarzı ürünü olarak sunuyor, kullanımını genellikle sağlık anlatılarıyla çerçeveliyordu. Etiketler, türün özelliklerini, aroma notalarını ve hatta "stres giderici" veya "gevşeme artırıcı" gibi iddia edilen faydaları övüyordu. Yenilebilir ürünler ve tentürler, şık tasarımlar, parlak renkler ve güven verici logolarla süslenmiş gurme ürünler gibi paketleniyordu. Tüketicilere, kalite ve incelik diliyle, bunların özenle seçildiği, test edildiği ve bu nedenle güvenli olduğu incelikle anlatılıyordu. Ancak ambalaj, farmakolojiyi veya dumanı solumanın veya yüksek THC konsantrasyonlarını almanın fiziksel sonuçlarını değiştiremezdi.

Hükümetin mesajları da istemeden yanlış anlamalara katkıda bulundu. Halk sağlığı kampanyaları genellikle zararı en aza indirmeye, ölçülülüğü teşvik etmeye ve yasadışı ürünlerin tehlikelerine karşı uyarmaya odaklandı. Bu mesajlar bilimsel olarak doğru olsa da, sunum genellikle yasal, düzenlenmiş ürünün doğası gereği güvenli olduğu izlenimini verdi. İnsanlar yasal erişime güvenebilecekleri fikrini benimsedi ve bunun tüketimlerinin büyük ölçüde risksiz olduğu anlamına geldiğini varsaydılar. Bu ortamda, birçok kişi uzun vadeli kardiyovasküler, akciğer ve ruh sağlığı risklerini tam olarak değerlendiremedi.

Dr. London, lisanslı satış noktalarından genç yetişkin çocukları için esrar satın alan ve yasal olmanın ürün kalitesini garanti ettiğine ve sağlık risklerini en aza indirdiğine inanan ebeveynlerle karşılaşmıştı. Resmi kanalların sıkı güvenlik kontrolleri anlamına geldiğini varsaymışlardı, ancak düzenlemelerin öncelikle saflık, pestisit seviyeleri ve THC etiketlemesiyle ilgili olduğunu, düzenli kullanımın daha geniş fizyolojik sonuçlarını kapsamadığını bilmiyorlardı. Erişimin ve ebeveynlerinin örtülü güveninin verdiği cesaretle çocuklar, kullanım sıklığını ve gücünü artırarak, farkında olmadan kardiyovasküler yükü daha da artırıyorlardı.

Özellikle dikkat çekici bir vakayı hatırladı; otuzlu yaşlarının ortalarında, düzenli olarak uyuşturucu kullanan ve ruhsatlı bir satış noktasından yüksek THC içerikli konsantreler almaya başlayan bir hasta. Hasta, şiddetli çarpıntı ve göğüs sıkışmasıyla acil servise gelmişti. Sakin bir şekilde şunları söylemişti:*Yasal ürünlerin, sokakta satılan esrardan daha güvenli olduğunu varsayıyordu.*Bu ifade, güvenlik algısının yaygınlığını yansıtıyor. Tarama sonuçları, kronik maruziyetin yoğunlaşması sonucu ortaya çıkan arter iltihabı ve erken plak birikimini gösterdi. Hastanın güvenliğe dair varsayımı, riskin farkına varılmasını geciktirmiş ve hasarın zaman içinde sessizce ilerlemesine izin vermiştir.
Halo etkisi, bireysel algının ötesine geçerek grup davranışını da etkiledi. Sosyal çevreler genellikle yasallığı güvenliğin bir göstergesi olarak pekiştirerek, ihtiyatı azalttı ve toplu tüketimi artırdı. Arkadaşlar, esrar satış noktalarının tavsiyelerini paylaşır, türleri "kalp dostu" veya "vücut için güvenli" olarak över ve zararsızlığın kanıtı olarak laboratuvar testlerini vurgularlardı. Bu çevrelerde, yasal çerçeve alışkanlığı örtük olarak haklı çıkardığı için risk tartışmaları sessizleşti. Tıp uzmanlarından, bilim insanlarından veya araştırmacılardan gelen uyarılar sıklıkla göz ardı edildi, eski veya abartılı olarak nitelendirildi.

Hatta sağlık hizmetleriyle ilgili karşılaşmalar bile bu zorluğu yansıtıyordu. Hastalar esrar kullanımını güvenle bildiriyor, bazen tüketimlerinin lisanslı kaynaklardan olduğunu vurgulayarak, dolaylı olarak güvence bekliyorlardı. Dr. London, yasallığın kardiyovasküler veya pulmoner riskleri azaltmadığını, THC'nin hala kalp atış hızını yükselttiğini, kan damarlarını daralttığını ve oksijen ihtiyacını artırdığını ve solunan dumanın -yasal olsun ya da olmasın- akciğerlere katran, tahriş edici maddeler ve kanserojenler soktuğunu açıkladığında birçok kişi şaşırdı. Sıklıkla beden dillerinde ince bir değişim, önceki varsayımlar ile ortaya çıkan gerçeklik arasında kısa bir mücadele ve ardından riskin temkinli bir şekilde kabul edilmesi gözlemledi.

Halo etkisi aynı zamanda dozaj farkındalığını da maskeledi. Yasal erişim, çekici ürün tasarımları ve yüksek etkili türlerle birleşince daha yüksek tüketimi teşvik etti. Konsantreler, yağlar ve yenilebilir ürünler, geçmişteki keyif amaçlı kullanıcıların tükettiğinden çok daha yüksek THC seviyeleri içeriyordu. Birçok kullanıcı, yasallığa ve laboratuvar testli etiketlere güvenerek, daha yüksek potansiyelin kalp üzerindeki yükü, aritmi riskini ve damar stresini artırdığını dikkate almadı. Yasallığı, tüketimi eleştirel bir şekilde izleme izni olarak değil, güvenliğin kanıtı olarak yorumladılar.

Dr. London, bu yanlış algının sıklıkla yaşla ilgili risklerle kesiştiğini belirtti. Zaten kendilerini yenilmez hisseden genç yetişkinler, halüsinasyon etkisine hızla kapıldılar. Esrarın yasal olması ve sağlıklı yaşam mesajlarıyla pazarlanması nedeniyle, maddenin onlara zarar veremeyeceğini varsaydılar. Sonuç olarak, daha genç yaşlarda kardiyovasküler stres faktörlerine ve akciğer hasarına giderek daha fazla maruz kalan bir kullanıcı grubu ortaya çıktı. Fizyolojik sonuçlar ortaya çıktığında, müdahale veya uzun vadeli yönetim gerektiren kalıpları zaten oluşturmuşlardı.

Yirmili yaşlarının başlarında olan bir hasta, göğüs rahatsızlığı ve hafif nefes darlığı şikayetiyle gelmişti. Sakin bir şekilde şunları söylemişti:*Yasal olarak satılan esrara diğer tüm maddelerden daha çok güveniyordu.*Laboratuvar testlerinden geçmiş türleri ve eczane personelinin tavsiyelerini gerekçe göstererek, kirleticilerin kontrol altında tutulabileceğini ancak dumanın kendisinin ve THC'nin kardiyovasküler sistemi üzerindeki olumsuz etkisinin önemli riskler oluşturduğunu anlamamıştı. Damarları iltihaplanmıştı ve endotel disfonksiyonunun erken belirtileri görülüyordu; bunların hepsi yıllarca süren tekrarlanan maruz kalmanın sonucuydu. Yasallık, yavaş ve sessiz bir şekilde biriken zararı gizleyen sahte bir kalkan görevi görmüştü.

Eczanelerde verilen eğitim, bazen faydalı olsa da, istemeden de olsa varsayımları pekiştirebilir. Çalışanlar genellikle uzun vadeli sağlık etkilerini tartışmadan, ürün özelliklerine, yasal uyumluluğa ve kullanıcı deneyimine odaklanıyordu. Yasal çerçeve içinde profesyonel tavsiyelerle güvence altına alınan müşteriler, nadiren bağımsız doğrulama veya bilimsel danışmanlık arıyordu. Bu dinamik, halo etkisini artırarak, yasallık, pazarlama ve anekdot niteliğindeki tavsiyelerin tıbbi kanıtların önüne geçtiği bir ortam yarattı.

Dr. London ayrıca, yasallaştırmanın zarar azaltma hakkındaki kamuoyu söylemlerini etkilediğini de gözlemledi. Savunuculuk kampanyaları sıklıkla yasadışı ürünlere kıyasla güvenliği vurgulayarak, yasal esrarın kirlenmeyi, katkılı maddeleri ve düzenlenmemiş etki gücünü en aza indirdiğini öne sürdü. Bu dar bağlamlarda doğru olsa da, mesajlar genellikle genel güvenliğin örtük bir onayını içeriyordu. Tüketiciler bu mesajları içselleştirerek, düzenlemeyi kapsamlı sağlık korumasıyla eşitlediler; bu da duman solunmasının, THC artışlarının ve kronik kullanımın fiziksel olarak zararlı olmaya devam ettiği gerçeğini gizledi.

Yasallaşmanın normalleşme üzerinde de etkileri oldu. Bir zamanlar yasa dışı ve damgalanmış olan maddeler, sosyal olarak kabul edilebilir davranışlara dönüştü. İş yerlerinde, sosyal etkinliklerde ve eğlence amaçlı buluşmalarda artık esrar yargılanmadan yer alıyordu. Bu kültürel kabul, algılanan güvenlik hissiyle birleşince, aksi takdirde sağlık risklerinin eleştirel bir şekilde değerlendirilmesine yol açabilecek bilişsel sürtünmeyi azalttı. Bir kullanıcının etrafındaki herkes maddeyi zararsız olarak gördüğünde, bir zamanlar riski sorgulayan içsel diyalog azaldı ve rehavete yer açtı.

Dr. London, daha önce esrardan uzak duran yaşlı yetişkinlerde de aynı örüntüyü gözlemlemişti. Yasal erişimin meşruiyet anlamına geldiği algısı, genellikle önceden var olan sağlık sorunlarını göz ardı eden şekillerde denemeyi teşvik ediyordu. Hipertansiyon, aritmi veya erken evre kardiyovasküler hastalığı olan hastalar, yasallığın risklerini azalttığını varsayıyor, bazen de aşırı tüketimle durumlarını daha da kötüleştiriyorlardı. Güvenlik algısı etkisinin, yaş ve demografik gruplar arasında yayıldığını ve aksi takdirde daha temkinli olabilecek genç yetişkinlerden yaşlı nüfusa kadar davranışları şekillendirdiğini fark etti.

Ailelerde de etkilerini görmüştü. Ebeveynler, yasallığı ve düzenlemeleri güvenlik kanıtı olarak göstererek, yetişkin çocuklarının evde esrar kullanmasına zaman zaman izin veriyorlardı. Risk hakkındaki konuşmalar genellikle bastırılıyor, yasal çerçevelere ve satış yerlerinin otoritesine duyulan güvenin gölgesinde kalıyordu. Çocuklar bu tutumları içselleştiriyor, yasallığı zararsızlıkla ilişkilendiriyor ve bazen birikimli zararı fark etmeden kullanım sıklığını veya gücünü artırıyorlardı.

Hatta tıp literatürü bile halo etkisine etkili bir şekilde karşı koymakta zorlandı. Yasal esrarın etkisine dair çalışmalar genellikle karmaşık, incelikli ve viral sosyal mesajlaşmaya kolayca çevrilemeyen koşullu ifadelerle doluydu. Kullanıcılar, altta yatan risk verilerini tam olarak anlamadan, yasallığı veya eğlence amaçlı faydaları vurgulayan başlıklar gördüler. Yasallığın bilişsel kısayolu, dikkatli analizi gölgede bıraktı ve ince ama ciddi sağlık sonuçlarının sessizce ortaya çıkmasına izin verdi.

Dr. London, güvenlik yanılsaması etkisinin anlaşılmasının halk sağlığı açısından kritik önem taşıdığı sonucuna vardı. Yasallık, kardiyovasküler zorlanma, akciğer hasarı veya THC kaynaklı aritmilerden muafiyet sağlamıyordu. Yanılsama etkisi, yanlış bir güven duygusu yaratarak kullanıcıların riski hafife almasına, kullanım sıklığını ve gücünü artırmasına ve erken uyarı işaretlerini görmezden gelmesine yol açıyordu. Bu, tat, alışkanlık veya akran baskısı kadar güçlü bir şekilde davranışı şekillendiren görünmez bir güçtü ve bununla mücadele etmek için bilinçli eğitim, sabırlı diyalog ve toplumsal farkındalık gerekiyordu.

Klinik görüşmelerde, yasallığın tıbbi bir garanti değil, yasal bir statü olduğunu vurguladı. Laboratuvar testinden geçmiş ürünler kirleticileri azaltabilir ancak duman kaynaklı akciğer hasarını veya THC kaynaklı kalp stresini önleyemez. Hastalar, kullanım sıklığını, etken madde miktarını ve kişisel sağlık durumlarını eleştirel bir şekilde değerlendirmeye teşvik edildi; sorumlu kullanımın sadece yasalara uymaktan daha fazlasını ifade ettiğini, vücudun sınırlarını tanımak ve saygı duymak anlamına geldiğini anlamaları gerektiği vurgulandı.

Güvenlik algısı yanılsamasının tamamen olumsuz olmadığını fark etti. Yasallaştırma, cezai yaptırımları azaltmış, ürün düzenlemelerini iyileştirmiş ve kenevirin farmakolojisi üzerine araştırmalara olanak sağlamıştı. Ancak istenmeyen sonuç – halkın güvenliğe dair yanlış algısı – oldukça derindi. Bununla mücadele etmek, erişilebilir bilimle, etkileyici anlatılarla ve hem tıp hem de toplum seslerinden gelen desteklerle eğitimi bütünleştirmeyi gerektiriyordu. Güvenlik algısı yanılsaması konusunda farkındalık, kullanıcıların bilinçli seçimler yapmalarını, yasallığı fizyolojik gerçeklerin net bir şekilde anlaşılmasıyla dengelemelerini sağlayabilirdi. Dr. London, halo etkisinin incelikli, yaygın ve kalıcı olduğunu ve sadece tıp uzmanlarından değil, toplumun genelinden de dikkat gerektirdiğini belirtti. Yasallığın zararsızlıkla eşdeğer olmadığını kabul etmek, sorumlu kullanım, etkili halk sağlığı mesajları ve hastalar ile klinisyenler arasında anlamlı diyalog için ilk adımdı. Bireyler ancak yasal statü ile biyolojik sonuç arasındaki ayrımı kabul ederek, varsayımlardan ziyade bilgiyle donanmış ve yasallığın birçok bağlamda faydalı olsa da asla sağlıkla eş anlamlı olmadığını bilerek, esrarın modern ortamında güvenli bir şekilde yol almaya başlayabilirlerdi.

Bölüm 19 – Elektronik Sigara, Yenilebilir Ürünler, Yağlar: Daha Güvenli Miler?

Esrar tüketiminin manzarası son on yılda dramatik bir şekilde değişmişti. Elle sarılmış bir sigara görüntüsü artık kullanımın tek temsili değildi; bunun yerine, her biri farklı fizyolojik etkilere, kimyasal profillere ve risk faktörlerine sahip çok çeşitli kullanım yöntemleri ortaya çıkmıştı. Dr. London, bu değişikliklerin sadece genel toplumda değil, ameliyat odasında ve hasta görüşmeleri sırasında da yakından nasıl geliştiğini gözlemlemişti. Halkın genellikle alternatif yöntemlerin -buharlaştırma, yenilebilir ürünler, yağlar- sigara içmekten daha güvenli olduğunu varsaydığını, ancak gerçekliğin çok daha karmaşık olduğunu anlamıştı.

Elektronik sigara başlangıçta daha temiz bir alternatif olarak benimsenmişti. Hastalara, özellikle genç yetişkinlere, duman yerine buhar solumanın katranı, kanserojenleri ve akciğer tahrişini azalttığı defalarca anlatılmıştı. Mesaj geniş çapta içselleştirilmişti: buhar daha güvenli, daha sağlıklı, daha moderndi. Bir hasta pasif bir şekilde şunu açıklamıştı:*Akciğerler için daha iyi olacağı düşüncesiyle elektronik sigaraya geçmişti.*Görünür duman olmamasının zararın da olmadığı anlamına geldiğine inanıyordu. Bir başkası ise şöyle demişti:*Arkadaşları ona elektronik sigaranın deneyimi "saflaştırdığını" söylemişti.*Bu durum, solunan buharın geleneksel yanmayla ilişkili bilinen risklerden kaçınmayı sağlayabileceği algısını yaratıyor.

Dr. London, elektronik sigaranın duman solumanın bazı yönlerinden kaçınmayı sağlasa da, kendine özgü tehlikeler de getirdiğini açıklamak zorunda kaldı. Esrar yağlarını veya konsantrelerini ısıtarak buhar üretmek üzere tasarlanan cihazların kendileri, kısa sürelerde son derece yüksek THC konsantrasyonları sağlayarak kardiyovasküler yükü önemli ölçüde artırabiliyordu. Akciğerlerden hızlı emilim, kalp atış hızında ve kan basıncında ani artışlara yol açıyordu; bu artışlar sigara içmeye benzer ve bazen daha belirgin olabiliyordu. Yoğun elektronik sigara kullanım alışkanlıklarıyla aynı zamana denk gelen düzensiz kalp ritimleri, çarpıntı ve anksiyete atakları yaşayan genç yetişkinler gözlemlemişti. Güvenlik algıları, erken uyarı işaretlerini fark etmelerini geciktirmişti; bu da varsayılan ve gerçek risk arasındaki sürekli kopukluğu gösteriyordu.
Ayrıca, elektronik sigara sıvılarının kimyasal bileşimi genellikle hafife alınıyordu. Propilen glikol, gliserin, aroma verici maddeler ve diğer katkı maddeleri, yumuşak bir nefes alma ve çekici tatlar elde etmek için kullanılıyordu. Bu bileşenler gıdalarda genellikle güvenli kabul edilirken, solunum yoluyla alınmaları farklı bir fizyolojik etkiye sahipti. Isıtılan kimyasallar, akciğer dokusunu tahriş eden, iltihaplanmayı tetikleyen ve bazı durumlarda akut akciğer hasarına yol açan reaktif bileşiklere dönüşebiliyordu. Hastalar, dumanın yokluğunun zararsızlık anlamına geldiğine inanmalarına rağmen, yüksek frekanslı elektronik sigara seanslarından sonra sıklıkla öksürük, nefes darlığı ve göğüs sıkışması şikayetinde bulunuyorlardı.

Yenilebilir esrar ürünleri farklı zorluklar ortaya koyuyordu. Akciğerlerde dumanın tahrişine neden olmaması nedeniyle bazı akciğer risklerinden kaçınıyorlardı, ancak gecikmiş emilim ve uzun süreli metabolizma nedeniyle güçlü sistemik etkiler taşıyorlardı. Hastalar, etkilerin daha yavaş ortaya çıkması nedeniyle dozu genellikle hafife alıyorlardı. Dr. London, sigara gibi içildiğinde orta düzeyde sayılabilecek miktarlarda yenilebilir esrar tüketen ve saatler sonra aşırı THC zehirlenmesi yaşayan bireyleri tedavi etmişti. Semptomlar arasında hızlı kalp atışı, hipotansiyon, anksiyete ve nadir durumlarda bayılma veya aritmi yer alıyordu. Bir hasta pasif bir şekilde şunu açıklamıştı:*"Hemen hiçbir şey hissetmediği" için önerilen dozun iki katını almıştı.*Bu durum, birçok kullanıcının etkili dozları ve bunlara bağlı kardiyovasküler stresi tahmin etmede yaşadığı zorluğu göstermektedir.

Kanabinoidlerin konsantre özleri olan yağlar ve tentürler, uygun ve kontrollü görünen başka bir tüketim şekli sunuyordu. Etiketler, hassas dozlama, tutarlı etki ve gizli uygulama vaat ediyordu. Bu özellikler, öngörülebilir etkiler arayan veya solunumdan tamamen kaçınmak isteyen kullanıcılar için yağları cazip hale getiriyordu. Bununla birlikte, konsantre formlar, özellikle önceden var olan kardiyovasküler rahatsızlıkları olan kişilerde, kalp atış hızında ve kan basıncında önemli artışlara neden olabiliyordu. Dr. London, sıklıkla konsantre yağların tekrarlanan yüksek doz kullanımına bağlı olarak endotel iltihabının erken belirtileriyle değerlendirmeye gelen hastalar görmüştü. Yanma ile ilgili toksinlerin yokluğu akciğer riskini azaltırken, kardiyovasküler zorlanma önemli ölçüde devam ediyordu.

Dr. London'ın görüşmelerinde "daha güvenli" ve "zararsız" arasındaki ayrım kritik öneme sahipti. Hastalarına, dumandan kaçınmanın fizyolojik stresi ortadan kaldırmak anlamına gelmediğini vurguladı. Kalbin, THC kaynaklı taşikardiye, artan miyokardiyal oksijen ihtiyacına ve vazokonstriksiyona karşı savunmasız kaldığını açıkladı. Özellikle genç yetişkinler, yüksek frekanslı, yüksek dozlu elektronik sigara veya yenilebilir ürün tüketiminin aritmilere veya ani kalp olaylarına neden olabileceğinin genellikle farkında değillerdi. Modern yöntemlerin doğası gereği nazik olduğunu varsayıyorlardı ve bu varsayım sıklıkla tıbbi müdahalenin gecikmesine neden oluyordu.

Kimyasal katkı maddeleri de güvenlik algısını karmaşıklaştırdı. Elektronik sigara sıvıları genellikle ısıtıldığında aldehitler ve diğer tahriş edici maddeler üretebilen aroma bileşikleri içeriyordu. Bazı kullanıcılar, uzun süre aromalı elektronik sigara kullandıktan sonra kronik öksürük, göğüs sıkışması veya hırıltı bildirdi. Ağızdan tüketim için satılan yağlar bazen, küçük dozlarda etkisiz kabul edilse de, mide-bağırsak rahatsızlığına neden olabilen veya diğer ilaçlarla öngörülemeyen etkileşimlere yol açabilen taşıyıcı çözücüler veya koruyucular içeriyordu. Bu ürünlerin yasal ve düzenlenmiş yapısı, kullanıcılara yanlış bir güvenlik hissi vererek, tamamen güvenli oldukları varsayımını güçlendirdi.

Bir diğer kritik faktör ise etki gücüydü. Modern konsantreler, yağlar ve yenilebilir ürünler genellikle geleneksel çiçeklerden çok daha yüksek THC seviyeleri içeriyordu. Bir sigara 10 ila 15 miligram THC sağlayabilirken, konsantreler veya yenilebilir ürünler tek bir seansta 50 miligram veya daha fazlasını sağlayabiliyordu. Tekrarlanan tüketim, özellikle kardiyovasküler sistem üzerinde fizyolojik stresi artırıyordu. Dr. London, daha uzun süreli veya daha yoğun bir deneyim arayışında olan hastaların, vücutlarının güvenli bir şekilde tolere edebileceğinin ötesinde dozlar aldığını gözlemlemişti. Yenilebilir ürünlerin gecikmeli etkileri bazen kısa bir süre içinde tekrarlanan tüketime yol açarak tehlikeli derecede yüksek plazma THC konsantrasyonlarına neden oluyordu.

Dr. London ayrıca, uygulama yönteminin risklerin türünü ve zamanlamasını etkilediğini belirtti. Elektronik sigara ve normal sigara kullanımı, hızlı akciğer emilimi nedeniyle neredeyse anında kardiyovasküler etkilere yol açarken, yenilebilir ürünler ve yağlar gecikmeli ancak uzun süreli sistemik maruziyete neden oluyordu. Her yöntemin kendine özgü bir risk profili vardı, ancak kamuoyunun güvenlik algısı genellikle homojendi ve birçok kullanıcı tüm alternatif yöntemlerin risksiz olduğuna inanıyordu. Eğitimde spesifikliğin gerekli olduğunu, yani sadece risklerin var olduğunu değil, aynı zamanda risk türünün tüketim yöntemine, doza ve bireysel fizyolojiye bağlı olduğunu da açıklamanın gerektiğini tespit etti.

Elektronik sigara, yağlar ve yenilebilir ürünler, sigara içmeye kıyasla akciğer tahrişini azaltabilse de, her durumda tamamen ortadan kaldırmazdı. Isıtılmış buharlar hala solunum yolu tahrişi potansiyeli taşıyordu ve yüksek konsantrasyonlu yağların solunması iltihaplanma tepkilerine neden olabiliyordu. Bazı raporlarda kronik elektronik sigara kullanımının, bazen hastaneye yatmayı gerektirecek kadar şiddetli akut akciğer hasarı vakalarıyla bağlantılı olduğu belirtilmişti. Hastalar genellikle bu raporları mantıksız buluyordu çünkü cihazlar modern ve temiz olarak pazarlanıyordu. Dr. London, yanmadan kaçınmanın faydalı olduğunu ancak güvenliğin garantisi olmadığını dikkatlice açıklamak zorunda kaldı.

Kişisel sağlık göstergelerinin izlenmesinin kritik önem taşıdığını sık sık vurguladı. Özellikle önceden var olan rahatsızlıkları olan veya yüksek etkili ürünler kullanan kişiler için kan basıncı, kalp atış hızı ve kardiyovasküler semptomlar düzenli olarak değerlendirilmelidir. Birçok kullanıcı, deneyimlerini fizyolojik stres göstergeleriyle ilişkilendirmeden, yalnızca öznel algılarına—ne kadar "keyifli" veya rahatlamış hissettiklerine—güveniyordu. Bu öznel yaklaşımın, daha ciddi olaylar meydana gelene kadar altta yatan kardiyovasküler zorlanmayı sıklıkla gizlediğini belirtti.

Bir diğer karmaşıklık katmanı ise tolerans ve bağımlılıktı. Konsantre THC'ye tekrar tekrar maruz kalmak, kardiyovasküler ve sinir sistemi fonksiyonlarında ince adaptasyonlara yol açabiliyordu. Hastalar artan tolerans bildirdiler ve bu da dozları artırmalarına neden oldu. Bu artış, genellikle normal kabul edilse de, gizli riskler taşıyordu: daha yüksek dozlar kalp atış hızındaki ani artışları, damar daralmasını ve oksijen ihtiyacını artırıyordu. Duman içermemeleri nedeniyle zararsız olarak algılanan yiyecekler ve yağlar, kardiyovasküler sistem üzerindeki kümülatif yüke sessizce katkıda bulunuyordu.

Dr. London ayrıca, kullanıcıların elektronik sigara, normal sigara ve yenilebilir ürünleri bir arada kullandığı çoklu tüketim vakalarına da rastlamıştı. Alternatif yöntemlerin daha güvenli olduğuna dair inanç, bireylerin birden fazla yöntemi aynı anda kullanmalarına ve yöntemleri değiştirerek veya karıştırarak riski azaltabileceklerini düşünmelerine yol açıyordu. Gerçekte ise bu durum, THC ve diğer aktif bileşiklere maruz kalmayı artırarak kardiyovasküler ve nörolojik stresi şiddetlendiriyordu. Hastalar genellikle kullanım şekillerini tam olarak doğru bir şekilde bildirmiyor, böylece maruz kalma miktarını klinik uzmanlardan istemeden gizliyorlardı.

Sosyal algılar davranışları daha da karmaşık hale getirdi. Arkadaşlar ve çevrimiçi etkileyiciler, alternatif tüketim yöntemlerini sıklıkla temiz, modern veya sağlıklı yaşam odaklı olarak tanıttılar. Kullanıcılar bu mesajları içselleştirerek, etki gücü, dozaj veya kişisel duyarlılıklarını değerlendirmeden yeni yöntemleri benimsediler. Bir hasta pasif bir şekilde şunu açıklamıştı:*O, elektronik sigarayı tercih ediyordu çünkü herkes bunun "sigara içmekten daha sağlıklı" olduğunu söylüyordu.*Ancak hastada tekrarlayan kalp çarpıntıları ve anksiyete atakları görülmüştü. Dr. London hastanın rutinini incelediğinde, yüksek frekanslı konsantre yağ buharlaştırmanın, geleneksel sigara içmenin yarattığına eşdeğer veya ondan daha fazla kümülatif kardiyak strese neden olduğu ortaya çıktı.

Eğitim her zaman en önemli unsur olmaya devam etti. Dr. London, her yöntemin risk profilini, gücünü ve fizyolojik etkisini anlamanın bilinçli seçimler için şart olduğunu vurguladı. Elektronik sigara ve yenilebilir ürünler bazı zararları azaltabilse de, ölçülü olma, izleme ve farkındalık ihtiyacını ortadan kaldırmazdı. Kullanıcılar, yasallığın, pazarlamanın ve akran tavsiyelerinin kardiyovasküler ve pulmoner etkiler hakkındaki bilginin yerini alamayacağını anlamalıydı.

Aradaki farkı açıklamak için sık sık benzetmeler kullanırdı. Sigaradan uzak durmanın, bisiklet sürerken kask takmaya benzediğini, bir tür yaralanma riskini azalttığını ancak olası tüm kazaları önlemediğini açıkladı. Yenilebilir ürünler, yağlar ve elektronik sigaralar bazı akciğer risklerini azaltırken, dikkat gerektiren benzersiz kardiyovasküler, nörolojik ve sistemik sorunları da beraberinde getiriyordu. Bu faktörleri yanlış anlamak veya hafife almak, kendilerini sorumlu veya sağlık bilincine sahip olarak gören kişilerde bile ciddi sonuçlara yol açabilirdi.

Dr. London ayrıca araştırmaların devam ettiğinin altını çizdi. Yüksek etkili konsantreler, sık buharlaştırma ve yenilebilir tüketimle ilgili uzun vadeli veriler henüz ortaya çıkıyordu. İlk bulgular kardiyovasküler zorlanma, kalp ritminde değişiklik ve solunum yolu tahrişi potansiyeli olduğunu gösteriyordu, ancak birçok kullanıcı geçmiş verilerin yokluğunun riskin yokluğu anlamına geldiğini varsayıyordu. Modernite ve yasallık hissi, vücudun kimyasal ve fizyolojik stres faktörlerine tahmin edilebilir şekilde tepki vermesine rağmen, bir tür bağışıklık duygusunu besliyordu.

Klinik uygulamada, bilinçli karar vermenin şeffaf iletişim gerektirdiğini gözlemledi. Hastaların, yanmadan kaçınmanın bazı riskleri azalttığını ancak tam güvenlik sağlamadığını anlamaları gerekiyordu. THC'nin kendisi, dumandan bağımsız olarak, kalp atış hızını artırabilir, damarları daraltabilir ve miyokardiyal oksijen ihtiyacını artırabilir. Konsantre formları bu etkileri yoğunlaştırabilir. Dozaj, sıklık, uygulama yöntemi ve bireysel sağlık durumu, risk değerlendirmesinde kritik faktörlerdi.

Sonuç olarak, Dr. London alternatif esrar tüketim yöntemlerinin karmaşık bir dengeyi temsil ettiği sonucuna vardı. Buharlaştırma ve yenilebilir ürünler akciğer tahrişini azaltma açısından faydalar sunarken, önemli kardiyovasküler, nörolojik ve sistemik riskler de taşıyordu. Konsantreler ve yağlar ise etkiyi ve maruz kalmayı artırarak aritmi, çarpıntı ve damar sisteminde stres olasılığını potansiyel olarak yükseltiyordu. Kullanıcıların bu yöntemlere farkındalık, dikkat ve eğitimle yaklaşmaları, modern, dumansız alternatiflerin zararsız olduğu varsayımında bulunmamaları gerekiyordu.

O, kamuoyunun güvenlik algısının çoğu zaman gelişen bilimsel gelişmelerin gerisinde kaldığını belirtti. Yaygın inanış, elektronik sigara, yağlar ve yenilebilir ürünleri doğası gereği daha güvenli olarak kabul ederken, hekimler sessiz, birikimli fizyolojik sonuçlara tanık oluyordu. Bu boşluğu kapatmak, yalnızca hasta eğitimini değil, aynı zamanda daha geniş bir toplumsal farkındalığı da gerektiriyordu; her yöntemin kendine özgü risklerini anlamanın, izlemenin ve ölçülü olmanın zararı azaltmak için gerekli olduğunu vurgulamak gerekiyordu. Yasal statü, pazarlama cazibesi ve kolaylığın çekiciliği biyolojiyi ortadan kaldırmazdı; sadece klinik ortamda ortaya çıkmadan önce bazen yıllarca sessizce gelişen sonuçları gizlerdi.

Dr. London, sorumlu kullanımın var olabilmesi için yasallık veya yenilikten daha fazlasını, yani bilgiyi gerektirdiği sonucuna vardı. Etkin madde, uygulama yöntemi, kümülatif maruziyet ve kardiyovasküler yanıt konusunda farkındalık kritik öneme sahipti. Alternatif formlar bazı akciğer risklerini azaltabilse de, farklı ve bazen de daha şiddetli kardiyovasküler sorunlar ortaya çıkarıyordu. Hem kullanıcılar hem de klinisyenler için kilit nokta, modern tüketim biçimlerinin risksiz olmadığını anlamak ve giderek karmaşıklaşan kenevir ortamında yol almak için en güvenilir araçların uyanıklık, ölçülülük ve eğitim olduğunu kavramaktı.

Bölüm 20 – Bırakmak İsteyenler İçin: Bir Kalp Cerrahının Eylem Planı

Esrarı bırakma kararı nadiren anlık olurdu. Dr. London, hastaların kararlılık, şüphe ve endişe karışımı bir ruh haliyle geldiklerini gözlemlemişti. Bazıları yıllarca mücadele etmiş, tüketimleri günlük rutinlerinin ve sosyal ritüellerinin bir parçası olmuştu. Diğerleri ise kardiyovasküler zorlanma, göğüs sıkışması veya sürekli öksürük gibi uyarı işaretlerini fark etmiş ve sonunda vücutlarının değişime ihtiyaç duyduğunu anlamıştı. Dr. London, zorluğun ahlaki zayıflık veya başarısızlık olmadığını; fizyoloji, alışkanlık ve destek meselesi olduğunu açıklamıştı. Bırakmak bir süreçti ve başarıya giden yol strateji, sabır ve gerçekçi beklentiler gerektiriyordu.

Görüşmelere genellikle yolculuğun zorluğunu kabul ederek başlardı. Hastalara, hem psikolojik hem de fizyolojik bağımlılığın yaygın olduğu ve kişisel bir başarısızlığın yansıması olmadığı konusunda güvence verilirdi. Birçoğu esrarın zararsız olduğuna dair toplumsal mitleri içselleştirmişti ve potansiyel kalp ve akciğer hasarı gerçeğiyle yüzleşmek duygusal olarak bunaltıcı olabilirdi. Bir hasta, pasif bir şekilde şunu itiraf etmişti:*Yıllarca sigara içtiği için suçluluk duyuyordu, ama aynı zamanda vücudunun nelere dayanmış olabileceğinden de korkuyordu.*Dr. London, ilk adımın yargılamak değil, farkındalık kazanmak olduğunu vurgulamıştı. Alışkanlık haline gelmiş kullanımın sonuçlarını anlamak ve değişim arzusunu benimsemek, pratik stratejilerin oluşturulabileceği bir temel oluşturuyordu.

Açıklamasına göre, ilk aşama öz değerlendirmeydi. Hastalar kullanım alışkanlıklarını değerlendirmeye teşvik edildi: sıklık, doz, tercih edilen tüketim yöntemi ve bağlam. Bazıları on yıllarca her gün sigara içmişken, diğerleri yakın zamanda yüksek etkili konsantrelere veya elektronik sigaraya geçiş yapmıştı. Doğru değerlendirme, kullanıcıların yüksek riskli davranışları, savunmasız oldukları zamanları ve tüketimi tetikleyen faktörleri belirlemelerine olanak sağladı. Bir hasta, pasif olarak şunu belirtmişti:*Genellikle akşamları, işten sonra rahatlamak için sigara içerdi.*Bu durum hem bir kalıbı hem de müdahale için bir fırsatı ortaya çıkardı. Kişinin alışkanlıklarını anlamak çok önemliydi çünkü planlama ve destek gerektiren anları vurguluyordu.

Sonraki adım, ulaşılabilir hedefler belirlemekti. Dr. London, hastalarına gerektiğinde kademeli olarak bırakmaya yaklaşmalarını tavsiye etti. Ani bırakma, hazırlıksız olunması durumunda başarıyı baltalayabilecek yoksunluk belirtilerine (sinirlilik, uyku bozuklukları, kaygı ve aşırı istek) neden olabilirdi. Bazıları için kademeli azaltma, vücudun ve zihnin uyum sağlamasına olanak tanıyarak nüks riskini düşürüyordu. Hastalarına sık sık ölçülülüğün ve ilerlemenin mükemmellikten daha iyi olduğunu hatırlatıyordu. Bir hasta pasif bir şekilde şöyle açıklamıştı:*Tüketimi aniden bırakmak yerine, kademeli olarak azaltmayı hedefledi.*Hem fizyolojik hem de psikolojik gerçeklere saygı duyan pragmatik bir yaklaşım sergiledi.

Eğitim, yoksunluk sürecine hazırlıkta kritik bir rol oynadı. Hastalar, neler beklemeleri gerektiği ve vücut tepkilerini nasıl yorumlayacakları konusunda bilgilendirildi. Uyku bozuklukları, ruh hali değişimleri ve ara sıra ortaya çıkan istekler, başarısızlık olarak değil, normal, geçici adaptasyonlar olarak çerçevelendi. Dr. London, kardiyovasküler sistemin, esrar kullanımının azaltılması veya tamamen bırakılmasından sonraki haftalar içinde genellikle olumlu yanıt verdiğini, kalp atış hızının normale döndüğünü, kan basıncının iyileştiğini ve stresin azaldığını vurguladı. Somut iyileşmeler görmek, motivasyonu güçlendirmeye yardımcı oldu ve risk kavramını daha somut hale getirdi.

Süreç boyunca davranışsal stratejilere vurgu yapıldı. Tetikleyicileri belirlemek ve başa çıkma mekanizmaları geliştirmek temel unsurlardı. Hastalar, alışkanlık haline gelmiş tüketimi daha sağlıklı alternatiflerle değiştirmeye teşvik edildi: egzersiz, meditasyon, yaratıcı uğraşlar veya esrar etrafında dönmeyen sosyal aktiviteler. Bir hasta, pasif bir şekilde şunu belirtti:*İşten sonra sigara içmek yerine akşamları yürüyüş yapmaya başladı.*Bu yöntem stresi düzenlemeye ve istekleri azaltmaya yardımcı oluyordu. Bir başkası ise günlük tutmanın, alışkanlık haline gelmiş nefes alma ritüelinin yerini bilinçli dikkatle değiştirerek, düşünme ve duygusal işleme için bir çıkış noktası sağladığını bulmuştu.

Destek ağları ayrılmaz bir parçaydı. Dr. London, hastalara bırakmanın anlayışlı arkadaşlar, aile veya profesyonel gruplarla paylaşıldığında daha kolay olduğunu sık sık hatırlatıyordu. Akran desteği ve sorumluluk duygusu, yalnızlığı azaltıyor ve motivasyonu güçlendiriyordu. Hastalar, özellikle esrar bırakmaya yönelik tasarlanmış danışmanlık, grup terapisi veya çevrimiçi topluluklarla tanıştırılıyordu. Bir hasta pasif bir şekilde şunu açıklamıştı:*Yerel bir destek grubuna katıldı; bu grup, yaşadığı zorlukları normalleştirmeye ve doğru yolda kalması için stratejiler sunmaya yardımcı oldu.*Sosyal destek, bireylerin zorlu anlarda kendilerini bağlı, onaylanmış ve cesaretlendirilmiş hissetmelerini sağladı.

Ayrıca çevresel faktörlere de değindi. Elektronik sigaralar, yenilebilir ürünler, sigara kağıtları ve sigara içme cihazları gibi malzemelerin günlük yaşam alanlarından uzaklaştırılması, cazibeyi en aza indirdi ve alışkanlık haline gelmiş kullanımla ilişkili ipuçlarını azalttı. Hastalar, esrarın sosyal etkileşim veya stres gidermede merkezi bir rol oynadığı durumlardan kaçınarak rutinlerini yeniden düzenlemeye teşvik edildi. Bir hasta, pasif bir şekilde şunu belirtti:*Tüketim eşyalarını gözden uzak tutmak için dairesini yeniden düzenledi.*Bu da dürtüsel kullanımı azalttı ve yeni alışkanlıkların pekiştirilmesine yardımcı oldu.

Önemli derecede bağımlılığı veya eşlik eden rahatsızlıkları olanlar için profesyonel rehberlik şiddetle tavsiye edildi. Dr. London, kardiyologların, birinci basamak hekimlerinin ve ruh sağlığı uzmanlarının tıbbi gözetim sağlayabileceğini, kalp fonksiyonunu izleyebileceğini ve kişiselleştirilmiş stratejiler sunabileceğini açıkladı. Bazı durumlarda, ilaç destekli tedavi, yoksunluk belirtilerini hafifletmeye veya kaygı ve uyku bozukluklarını yönetmeye yardımcı oldu. Hastalara, yardım aramanın bir zayıflık belirtisi değil, uzun vadeli başarıya yönelik pratik bir adım olduğu konusunda güvence verildi.

Yaşam tarzı değişiklikleri de bir diğer temel unsurdu. Egzersizin iki yönlü faydası vurgulandı: stresi azaltmak ve kardiyovasküler dayanıklılığı artırmak. Hastalar, fitness seviyelerine ve sağlık durumlarına uygun olarak aerobik aktivitelere, kuvvet antrenmanına veya yogaya katılmaya teşvik edildi. Gelişmiş kardiyovasküler fitness, yalnızca önceki esrar kullanımının yarattığı stresi hafifletmekle kalmadı, aynı zamanda bedensel iyileşmenin somut kanıtını da sağlayarak, yoksunluğu sürdürme motivasyonunu güçlendirdi. Kalp sağlığını ve damar fonksiyonunu destekleyen yiyecekleri vurgulayan beslenme rehberliği de sunuldu. Bir hasta pasif bir şekilde şunu açıklamıştı:*Sebze, yağsız protein ve sağlıklı yağlar açısından zengin, dengeli bir beslenmeye odaklanmaya başladı.*Bu durum, onun sigarayı bırakma çabalarını tamamladı ve genel sağlığı iyileştirdi.

Uyku hijyeninin bırakma sürecinde kritik öneme sahip olduğu vurgulandı. Birçok hasta, esrar kullanımını azalttıktan veya bıraktıktan sonra başlangıçta uykusuzluk veya uyku düzeninde bozulmalar yaşadığını bildirdi. Dr. London, düzenli uyku programları, yatmadan önce ekran maruziyetini sınırlama ve derin nefes alma veya aşamalı kas gevşetme gibi gevşeme teknikleri önerdi. Uyku sorunlarına proaktif olarak yaklaşmak, nüks riskini azalttı ve yoksunluk sırasında sıklıkla bozulan enerji ve ruh hali düzenlemesinin yeniden sağlanmasına yardımcı oldu.

Pratik araçlar olarak farkındalık ve stres yönetimi teknikleri tanıtıldı. Hastalar, istekleri onlara göre hareket etmeden tanımayı, kalp atış hızında artış veya gerginlik gibi fizyolojik tepkileri gözlemlemeyi ve başa çıkma stratejileri uygulamayı öğrendiler. Meditasyon, rehberli imgeleme ve kontrollü nefes egzersizleri günlük rutinlere entegre edildi. Bir hasta pasif bir şekilde şunu açıklamıştı:*Stresini yönetmek için her akşam beş dakika derin nefes egzersizi yaptı.*Bu durum, başa çıkma mekanizması olarak esrar kullanımına olan alışılmış bağımlılığın yerini aldı. Zamanla bu teknikler alışkanlık haline geldi ve duygusal ve fizyolojik stresi yönetmek için alternatif yollar sağladı.

İlerlemenin takibi de bir diğer motivasyon aracıydı. Hastalar tüketimlerini, isteklerini, ruh hallerini ve fiziksel semptomlarını kaydetmeye teşvik edildi. Küçük de olsa iyileşmeleri gözlemlemek, devam eden çabaların değerini pekiştirdi. Bir hasta, pasif bir şekilde şunu belirtmişti:*Kalp atış hızını ve uyku kalitesini günlük olarak kaydetti.*Bu durum, istikrarlı iyileşmeler olduğunu ortaya koydu ve kararlılığını pekiştirdi. İyileşmeye dair objektif kanıtlar, bırakmanın etkisine dair süregelen şüpheleri gidermeye yardımcı oldu ve motivasyon azaldığında cesaret verdi.

Nüks, başarısızlık olarak değil, sürecin bir parçası olarak ele alındı. Dr. London, aksiliklerin yaygın olduğunu ve öğrenme deneyimleri olarak değerlendirilmesi gerektiğini vurguladı. Hastalar, tetikleyicileri analiz etmeye, stratejilerini ayarlamaya ve yargılamadan yeniden kararlılık göstermeye teşvik edildi. Bir hasta pasif bir şekilde şunu açıklamıştı:*Stresli bir akşamın ardından bir kez sigara içti, ancak ertesi gün planlı düzenine geri döndü.*Bu durum, dayanıklılığın ve sürekli çabanın önemini göstermektedir. Nüksetmeyi normalleştirmek, utanç duygusunu azalttı ve bırakma hedeflerine uzun vadeli bağlılığı artırdı.

Uzun vadeli faydalar hakkında eğitim, motivasyon kaynağı oldu. Hastalara, kalp atış hızının azalması, oksijen iletiminin iyileşmesi ve iltihaplanmanın azalmasıyla birlikte, sigarayı bıraktıktan sonraki haftalar içinde kardiyovasküler ve pulmoner iyileşmenin başlayabileceği hatırlatıldı. Akciğer kapasitesi ve arter fonksiyonu genellikle aylar içinde iyileşti ve genel dayanıklılık ve enerji seviyeleri arttı. Bu olumlu değişiklikleri tanık olmak, sigarayı bırakmanın sadece zarardan kaçınmak değil, iyileşmeye ve yaşam kalitesinin artmasına yönelik aktif bir yol olduğu fikrini pekiştirdi.

Dr. London ayrıca kişiselleştirilmiş eylem planlarının değerini de vurguladı. Her hastanın kendine özgü tetikleyicileri, tüketim alışkanlıkları ve sağlık durumları vardı. Planlar, yaş, kardiyovasküler risk, yaşam tarzı ve psikolojik faktörler dikkate alınarak bireysel koşullara uyarlanıyordu. Tek bir yaklaşımın herkese uymadığını ve sürdürülebilir başarı için esneklik ve uyumun kritik önem taşıdığını vurguladı. Bir hasta pasif bir şekilde şöyle açıklamıştı:*Planı, günlük farkındalık egzersizleri ve haftalık destek seanslarıyla kademeli azaltmaya odaklanmıştı.*Bu, onun ihtiyaçlarına ve tercihlerine uygun, kişiselleştirilmiş bir yaklaşımı yansıtmaktadır.

Bazı hastalar için profesyonel izleme, bırakma sürecinin ötesine uzandı. Düzenli kardiyovasküler değerlendirmeler, akciğer fonksiyon testleri ve takip görüşmeleri, iyileşme sürecine ilişkin geri bildirim sağladı. Hastalar somut iyileşmeleri görselleştirebildiler; bu da tedaviye bağlılığı güçlendirdi ve sürekli bırakmanın fizyolojik faydalarını vurguladı. Bu objektif ölçümler, öznel deneyimleri tamamlayarak sağlık yararları konusunda bütünsel bir anlayış oluşturdu.

Toplum ve aile katılımı da çok önemliydi. Destekleyici arkadaşlar veya akrabalarla açık iletişim, hastaların sosyal durumlarda yol almalarına, nüks etme baskısını azaltmalarına ve sorumluluklarını yerine getirmelerine yardımcı oldu. Bir hasta, pasif bir şekilde şunu açıklamıştı:*Partneri, ortak alanlarda esrar kullanmaktan kaçınarak ona destek oldu.*Bu durum, cazibeyi azalttı ve azmini güçlendirdi. Sosyal desteği bırakma çabalarına entegre etmek, olumlu davranışı pekiştirdi ve uzun vadeli başarıyı teşvik etti.

Ayrıca Dr. London, motivasyonlar üzerine düşünmeyi teşvik etti. Hastalardan sigarayı neden bırakmak istediklerini düşünmeleri istendi; kalp sağlığını korumak, akciğer fonksiyonunu iyileştirmek, kaygıyı azaltmak veya kişisel kontrolü yeniden kazanmak gibi. Motivasyonların netleştirilmesi, içsel bir bağlılık ve zorlu anlarda karar verme için bir çerçeve oluşturdu. Bir hasta pasif bir şekilde şunu açıklamıştı:*Kalp üzerindeki yükü azaltmak için öncelikle işten ayrılmak istedi.*Bu durum, ara sıra ortaya çıkan isteklere rağmen çabayı sürdürmek için açık ve ikna edici bir neden sağladı.

Son olarak, Dr. London sigarayı bırakmanın tek bir olay değil, bir yolculuk olduğunu vurguladı. İlerleme günler, haftalar ve aylar olarak ölçülüyor ve kümülatif iyileşmeler motivasyonu güçlendiriyordu. Hastalara, kısmi azalmanın bile sağlık yararları sağladığı, tutarlı çabanın mükemmellikten daha önemli olduğu ve tıbbi, sosyal ve davranışsal destek sistemlerinin süreçte hayati araçlar olduğu hatırlatıldı. Sigarayı bırakma eyleminin, sağlığın, özerkliğin ve refahın hem pratik hem de sembolik olarak geri kazanılması olduğunu açıkladı.

Görüşmeleri cesaretlendirme ve güvence vererek sonlandırdı. Hastalara iyileşmenin mümkün olduğu, vücudun zamanla kendini onarabileceği ve bırakmaya yönelik her adımın anlamlı olduğu hatırlatıldı. Bir hasta pasif bir şekilde şunu açıklamıştı:*Sigarayı bırakmasına yardımcı olacak yapılandırılmış, kanıtlara dayalı bir plan olduğunu bilmek ona güç verdi.*Açık ve destekleyici bir çerçevenin psikolojik faydasını vurguladı. Bırakmanın, sadece yoksunluktan ibaret olmadığını, daha çok sağlık üzerindeki kontrolü yeniden ele geçirmek, riskleri anlamak ve bilinçli, sürdürülebilir seçimler yapmakla ilgili olduğunu fark etti.

Dr. London, rolünün cerrahi müdahale veya klinik gözlemin ötesine uzandığını belirtti. Hastaları bırakma sürecinde yönlendirmek, önleyici bir önlem, güçlendirme eylemi ve uzun vadeli kardiyovasküler ve pulmoner riskleri azaltmada kritik bir adımdı. Eğitim, davranışsal stratejiler, sosyal destek ve bireyselleştirilmiş planlamayı birleştirerek, hastalar bırakma sürecini yönetebilir, bağımlılığın üstesinden gelebilir ve kalıcı sağlık yararları elde edebilirlerdi. Bu yolculuk bağlılık, sabır ve anlayış gerektiriyordu, ancak tamamen mümkündü ve son derece dönüştürücüydü.

Sonunda, hastalara nazikçe ama kararlı bir şekilde esrarı bırakmanın veya azaltmanın geçmişteki tercihlerin bir suçlaması değil, daha sağlıklı bir geleceğe doğru atılmış proaktif bir adım olduğunu hatırlattı. Her bireyin vücudu üzerindeki kontrolü yeniden kazanma, kardiyovasküler stresi azaltma, akciğer fonksiyonunu iyileştirme ve daha iyi bir yaşam kalitesi deneyimleme kapasitesi vardı. Plan prensipte basit, uygulamada ise çok yönlüydü: farkındalık, hazırlık, destek ve azim. Dr. London'ın gözlemlediğine göre, bunu benimseyenler nadiren geriye bakıyorlardı ve kronik esrar maruziyetinin yarattığı gerilimden yavaş yavaş kurtulan kalpleri ve akciğerleri, çabayı sessizce ödüllendiriyordu.

Bölüm 21 – Gençlerle ve Sevdiklerinizle Konuşmak: Pratik Bir İletişim Rehberi

Esrar hakkındaki konuşmalar, en iyi niyetlerle bile yaklaşıldığında nadiren basit oluyordu. Dr. London, sayısız ailenin, eşin ve bakıcının, alışkanlık haline gelmiş kullanımın riskleri hakkında etkili bir şekilde iletişim kurmakta zorlandığını gözlemlemişti. Yanlış anlamalar, akran baskısı ve kültürel anlatılar genellikle yargıyı bulanıklaştırarak direnç, savunmacılık veya reddetmeye yol açıyordu. On yıllarca süren pratiğinde, etkili iletişimin hazırlık, empati ve açıklık gerektirdiğini öğrenmişti. Mesele ders vermek veya korku uyandırmak değil, güveni ve açık diyaloğu korurken gerçekçi, anlaşılabilir bilgiler sunmaktı.

Ebeveynler, özellikle ergenlik çağındaki çocukları olanlar, bu tartışmaları genellikle en zorlayıcı buluyorlardı. Ergenlik, deneme, kimlik oluşumu ve risk alma dönemiydi. Birçok genç, esrarın zararsız, doğal, hatta faydalı olduğuna dair toplumsal mesajları çoktan içselleştirmişti. Bir ebeveyn, durumu pasif bir şekilde şöyle açıklamıştı:*Annesi kalp sağlığı risklerini açıklamaya çalışırken oğlu güldü ve okulda herkesin sigara içtiğini söyledi.*Akran kültürünün yaygın etkisini gösteren Dr. London, ilk adımın gencin bakış açısını anlamak ve riskli davranışları onaylamadan deneyimlerini doğrulamak olduğunu vurguladı. Sakin ve yargılayıcı olmayan bir ton, mesajın hemen reddedilmesini önlemeye ve bilgilerin açıkça alınmasına yardımcı oldu.

Konuşmaya varsayımlardan ziyade gerçeklerle başlamak çok önemliydi. Vücudun, özellikle kalp ve akciğerlerin, esrar kullanımından somut bir stres yaşayabileceğini açıklamak, tartışmayı görüşten gözlemlenebilir bir gerçekliğe taşımaya yardımcı oldu. Bir ebeveyne, konuyu ahlak yerine sağlık çerçevesinde ele alması tavsiye edilmişti ve o da pasif bir şekilde şunları söylemişti:*Amaç cezalandırmak veya korkutmak değil, THC ve dumanın kalp atış hızı ve oksijen iletimini nasıl etkilediğini açıklamaktı.*Kalp krizi riskinin artması veya akciğer tahrişi belirtileri gibi somut örnekler vermek, soyut riskleri somut hale getirdi. Gençlerin, belirsiz uyarılardan ziyade bilimsel, ilişkilendirilebilir ve gerçek dünya sonuçlarıyla bağlantılı açıklamalara daha iyi yanıt verdiğini belirtti.

Aynı derecede önemli olan bir diğer faktör de zamanlamaydı. Dr. London, tartışmaların çatışma anlarında veya kullanımın keşfedilmesinden hemen sonra değil, sakin ve tarafsız anlarda gerçekleştiğinde daha etkili olduğunu gözlemledi. Bir hastanın annesi pasif bir şekilde şunu açıklamıştı:*Oğlunun elektronik sigaraya ilgi duyduğunu fark ettikten sonra, okuldan sonra onunla öfkeyle yüzleşmek yerine, konuşmak için hafta sonu öğleden sonrasını tercih etti.*Konuşmaya hazırlanmak, soruları önceden tahmin etmek ve sabırlı olmak, bilgilerin dikkatlice özümsenebileceği kontrollü bir iletişim ortamı sağladı.

Aktif dinleme başarının merkezindeydi. Gençler ve diğer sevdiklerinin duyulduğunu ve anlaşıldığını hissetmeleri gerekiyordu. Dr. London, aile üyelerini diğer kişiyi deneyimlerini ve algılarını kesintisiz bir şekilde paylaşmaya davet etmeye teşvik etti. Bir genç pasif bir şekilde şunları açıklamıştı:*Deney yapma nedenleri hakkında soru sorulmasından, sadece azarlanmaktansa, hoşnut kaldı.*Bu durum, tıbbi bakış açılarını dinleme isteğini de beraberinde getirdi. Stres atma, sosyal kabul görme, merak gibi motivasyonları kabul etmek, duyguları doğrularken, gerçek bilgilere dayalı bir sunum için de zemin oluşturdu.

Korku temelli mesajlardan kaçınmak da bir diğer önemli ilkeydi. Dr. London, abartılı tehditlerin genellikle ters teptiğini, direnç veya şüpheciliğe yol açtığını belirtti. Özellikle gençler, iddiaların abartılı veya kanıtlarla desteklenmediğini çabucak fark ediyorlardı. Bunun yerine, ölçülebilir, araştırmalarla desteklenen sonuçlar sunulmasını önerdi: kalp atış hızı değişiklikleri, kan basıncı etkileri, akciğer tahrişi ve potansiyel uzun vadeli kardiyovasküler stres. Bir ebeveyn pasif bir şekilde şunu açıklamıştı:*Kronik kullanımın kalp krizi riskini artırabileceğini ve akciğer verimliliğini azaltabileceğini vurguladı.*Tartışmayı ahlaki yargılardan ziyade gözlemlenebilir fizyolojik sonuçlar çerçevesinde ele almak.

Analojiler genellikle anlamayı kolaylaştırıyordu. Dr. London, sevdiklerinin soyut riskleri tanıdık deneyimlerle ilişkilendirmelerine yardımcı olmak için günlük alışkanlıklar ve fizyolojik sonuçlar arasında karşılaştırmalar kullandı. Örneğin, sık esrar kullanımının kalbe verdiği yükü her gün maraton koşmaya benzetmek, korku uyandırmadan kümülatif stresi gösteriyordu. Bir genç, pasif bir şekilde şunu açıklamıştı:*Kalbinin daha çok çalıştığını zihninde canlandırabiliyordu; bu da riskleri herhangi bir istatistikten daha somut hale getiriyordu.*Tıbbi kavramları günlük deneyimlerle ilişkilendiren bir dil kullanmak, bilgilerin akılda kalıcı ve uygulanabilir olmasını sağladı.
Tüm görüşmelerde açıklık ve özgüllüğe önem verildi. "Sigara," "THC," "vazokonstriksiyon" ve "kardiyovasküler zorlanma" gibi terimler, dinleyiciyi karıştırabilecek veya yabancılaştırabilecek tıbbi jargon kullanılmadan, açık ve net bir şekilde açıklandı. Dr. London, aile üyelerini bilgileri sindirilebilir bölümler halinde sunmaya, anlama kontrolü yapmaya ve soruları yanıtlamaya teşvik etti. Bir hasta pasif bir şekilde şunları açıklamıştı:*Kızı, her kavram açıklandığında yavaşça başını salladı; bu da kavrayışın tempolu ve tekrarlı bir öğrenme süreci gerektirdiğini gösteriyordu.*Bilgileri net ve anlaşılabilir parçalara ayırmak, akılda kalıcılığı artırdı ve savunma mekanizmalarını azalttı.

Riskler için bağlam sağlamak çok önemliydi. Gençler genellikle esrarı alkol veya tütünle karşılaştırıyor ve eşdeğer veya zararsız olduğunu varsayıyorlardı. Dr. London, aile üyelerine benzerlikleri ve farklılıkları, özellikle kardiyovasküler ve pulmoner sonuçlara odaklanarak özetlemelerini tavsiye etti. Bir ebeveyn pasif bir şekilde şunu açıklamıştı:*Sigara dumanının akciğerlerde yarattığı tahrişi, bir kişinin zamanla dumanlı bir odada yaşayacağı rahatsızlığa benzetti.*Anlaşılabilir bir senaryoda kümülatif etkileri göstermek. Bağlam, abartıya kaçmadan endişeyi normalleştirmeye yardımcı oldu ve tartışmanın ideolojiden ziyade kanıtlara dayandığını gösterdi.

Karar verme yeteneğini güçlendirmek, etkili iletişimin bir diğer bileşeniydi. Dr. London, konuşmaların davranış emretmekle ilgili değil, sevdiklerimizi bilinçli seçimler yapabilmeleri için bilgiyle donatmakla ilgili olduğunu vurguladı. Gençler, eşler veya yaşlı kullanıcılar, ölçülülük, bırakma stratejileri veya stresle başa çıkmak için alternatif mekanizmalar gibi seçenekler sunulduğunda daha iyi yanıt verdiler. Bir genç, pasif bir şekilde şunu açıklamıştı:*Kullanımı tamamen bırakması emredilmek yerine, kullanımını azaltmayı seçebileceğini bilmek ona daha fazla kontrol hissi verdi.*Güçlendirmenin, kabullenmeyi teşvik ettiğini göstermektedir.

Karşı çıkma veya şüphecilikle başa çıkma stratejileri de dahil edildi. Dr. London, özellikle sosyal medya, arkadaşlar veya popüler kültürden etkilenen akranlar arasında ilk direncin yaygın olduğunu gözlemlemişti. Sakin bir şekilde yanıt vermek, farklı görüşleri kabul etmek ve olgusal kanıtlara geri dönmek, tartışmalardan veya ültimatomlardan daha etkili oldu. Bir hasta pasif bir şekilde şunu açıklamıştı:*Önce partnerinin "güvenli" elektronik sigara kullanımı hakkındaki inançlarını dinledi, ardından da kardiyovasküler etkilerini nazikçe açıkladı.*Bu durum, çatışmadan ziyade anlayışı kolaylaştırdı. Sakin kalmak, empati kurmak ve sabırlı olmak, konuşmaların verimli kalmasını sağladı.

Görsel yardımcılar ve hikaye anlatımı kavrayışı güçlendirdi. Dr. London, ebeveynlerin ve bakıcıların kalp üzerindeki yükü, akciğer değişikliklerini veya THC'nin kardiyovasküler sistem üzerindeki etkisini göstermek için diyagramlar, videolar veya kısa vaka örnekleri kullandığını görmüştü. Bir hasta pasif bir şekilde şunu açıklamıştı:*Oğluna sağlıklı akciğerleri sigara dumanına maruz kalmaktan etkilenen akciğerlerle karşılaştıran bir çizim gösterdi.*Bu da soyut riski somut bir görüntüye dönüştürmeye yardımcı oldu. Anonimleştirilmiş hastaların hikayeleri de benzer bir amaca hizmet ederek, sansasyon yaratmadan tıbbi bilgiyi gerçek dünya deneyimlerine dayandırdı.

Kişisel değerler ve hedefler üzerine düşünmeyi teşvik etmek de etkili bir yaklaşımdı. Gençlerden ve yetişkinlerden esrar kullanımının istekler, atletik performans, zihinsel berraklık veya uzun vadeli sağlıkla nasıl örtüştüğünü düşünmeleri istendi. Bir hasta pasif bir şekilde şunu açıklamıştı:*Düzenli kullanımın spor performansındaki dayanıklılığını ve okulda odaklanma yeteneğini nasıl etkilediğini düşündü.*Bu durum, tüketim tercihlerini değerlendirmek için içsel bir motivasyon yarattı. Tıbbi gerçekleri kişisel önceliklerle ilişkilendirmek, tartışmayı anlamlı ve uygulanabilir hale getirdi.

Yaşlı yetişkinler için iletişim stratejileri biraz farklıydı ancak benzer prensiplere dayanıyordu: saygı, açıklık ve empati. Birçok yaşlı kullanıcının esrarla bağlantılı yerleşik alışkanlıkları, sosyal ritüelleri veya başa çıkma stratejileri vardı. Dr. London, aile üyelerine bu konuşmalara hassasiyetle yaklaşmalarını, algılanan faydaları kabul ederken tıbbi kanıtları da sunmalarını tavsiye etmişti. Bir aile üyesi pasif bir şekilde şunu açıklamıştı:*Babasına uyuşturucu kullanımı hakkında sorular sordu, ardından kalp üzerindeki baskı ve akciğer tahrişi hakkında saygılı ve gerçeklere dayalı bir şekilde bilgi paylaştı.*Bu da çatışma yerine diyaloğu teşvik etti.

Tutarlılık ve takip, mesajları pekiştirdi. Konuşmalar nadiren tek bir görüşmede etkili oluyordu. Dr. London, konuları periyodik olarak tekrar ele almayı, yeni soruları yanıtlamayı ve yargılamadan önemli noktaları pekiştirmeyi önerdi. Bir ebeveyn pasif bir şekilde şunu açıklamıştı:*Sağlık ve başa çıkma stratejilerini görüşmek üzere haftalık sohbetler planladı; böylece tek seferlik bir uyarı yerine sürekli bir diyalog ortamı sağladı.*Bu durum, farkındalığı ve duyarlılığı sürdürdü. Zamanla, sürekli katılım, sağlık risklerinin anlaşılmasını ve içselleştirilmesini güçlendirdi.

Davranış modelleme de güçlü bir araçtı. Sağlıklı başa çıkma stratejileri, stres yönetimi ve kendi alışkanlıklarında ölçülülük sergileyen ebeveynler ve eşler, bilinçli karar vermeyi destekleyen bir ortam yarattılar. Bir genç, pasif bir şekilde şunu açıklamıştı:*Ablasının okuldan sonra elektronik sigara yerine egzersizi tercih ettiğini gören kız, kendi alışkanlıklarını yeniden gözden geçirmeye karar verdi.*Gözlemlenebilir rol modellemenin etkisini göstermektedir. Alternatiflerin gösterilmesi mesajı pekiştirdi ve davranış değişikliği için pratik yollar sağladı.

Dr. London, ne kadar küçük olursa olsun başarıları takdir etmenin önemini vurguladı. Bir genç kullanım sıklığını azalttığında, yüksek etkili ürünlerden kaçındığında veya stres yönetimi alternatiflerini benimsediğinde, olumlu pekiştirme, çabaların devamını teşvik ediyordu. Övgü, ahlak veya yargılama yerine çaba ve bilinçli seçim çerçevesinde ele alınıyordu. Bir hasta pasif bir şekilde şunu açıklamıştı:*Annesi partide daha az riskli bir seçeneği tercih ettiği için onu tebrik etti, bu da karar verme becerilerini pekiştirdi.*Davranış değişikliğinin sürdürülmesinde pekiştirmenin rolünü vurgulamak.

Gerekli durumlarda profesyonel müdahale önerildi. Aile terapistleri, danışmanlar veya bağımlılık ya da davranışsal sağlık konusunda uzmanlaşmış hekimler, daha yapılandırılmış konuşmaları kolaylaştırabilir, doğru tıbbi bilgiler sağlayabilir ve davranış değişikliğini destekleyebilir. Dr. London, tarafsız bir uzmanın dahil edilmesinin bazen çıkmazları çözdüğünü, endişeleri doğruladığını ve aile üyelerinin tek başına uygulayamayacağı stratejiler sağladığını gözlemlemişti. Bir hasta pasif bir şekilde şunu açıklamıştı:*Ergenlik çağındaki kızıyla birlikte bir danışmanla görüşmek, her iki tarafın da daha etkili iletişim kurmasına yardımcı oldu.*Bu durum, anlayışı ve karşılıklı güveni hızlandırdı.

Son olarak, sabır ve gerçekçiliğin önemi vurglandı. Değişim nadiren bir gecede gerçekleşirdi. Direnç, deneme ve aksilikler sürecin normal bileşenleriydi. Dr. London, aile üyelerini bakış açılarını korumaya, ilerlemeyi kutlamaya ve gerçekçi, şefkatli rehberlik sağlamaya devam etmeye teşvik etti. Bir ebeveyn pasif bir şekilde şunu açıklamıştı:*Oğlunun ara sıra kullanmaya devam edebileceğini kabul etti, ancak onu sağlık üzerindeki olumsuz sonuçlar konusunda eğitme konusundaki kararlılığından vazgeçmedi.*Bu da diyaloğu sürdürdü ve bilinçli karar alma süreçlerini güçlendirdi.

Sonuç olarak, Dr. London, esrar riskleri hakkında etkili iletişimin hazırlık, empati ve açıklık gerektirdiği sonucuna vardı. Amaç, sevdiklerine doğru bilgi, pratik alternatifler ve bilinçli seçimler yapmaları için destek sağlamaktı. Gençler, eşler ve yaşlı yetişkinler, konuşmalar sakin, gerçekçi, sabırlı ve yargılayıcı olmayan bir şekilde yapıldığında en iyi tepkiyi verdiler. Gerçek dünya örnekleri, net açıklamalar ve aktif dinleme, anlayış yarattı, savunmacılığı azalttı ve bilinçli karar vermeyi güçlendirdi. Bu ilkeleri benimseyen aileler genellikle sürdürülebilir diyalog, artan güven ve iyileştirilmiş sağlık sonuçları yaşadılar; bu da şefkatle birleşmiş eğitimin gücünü yansıtmaktadır.

Ebeveynlere ve bakıcılara rollerinin davranışları dikte etmek değil, anlayışı kolaylaştırmak olduğunu hatırlattı. Gerçek bilgilere yer vermek, sağlıklı alternatifler sunmak, çabayı desteklemek ve sürekli etkileşim halinde olmak, sevdiklerinizin efsanelere, akran baskısına veya sosyal medyadaki yanlış bilgilere değil, bilgiye dayalı seçimler yapmalarını sağlar. Esrar hakkında etkili bir şekilde iletişim kurma eyleminin kendisi de bir tür önleyici bakımdır; kalp ve akciğer sağlığını korur, özerkliği güçlendirir ve bilinçli, sürdürülebilir karar verme için bir temel oluşturur.

BÖLÜM 22 – AMELIYAT MASASINDAN ALINAN DERSLER: FIKRIMI DEĞIŞTIREN VAKALAR

Ameliyathane, hassasiyetin, odaklanmanın ve çoğu zaman çarpıcı gerçeklerin ortaya çıktığı bir yerdi. Dr. London, yirmi beş yıldan fazla bir süredir kalp, akciğer ve atardamarların hassas etkileşimini incelemişti, ancak düzenli olarak esrar kullanan bir dizi hastayla karşılaşana kadar bakış açısı derinden değişmemişti. Bunlar sıradan içiciler değildi; esrarın doğal, zararsız ve hatta tedavi edici olduğuna dair rahatlatıcı kültürel anlatı sayesinde tüketimleri yıllar, hatta on yıllar boyunca normalleştirilmiş bireylerdi. Ancak ameliyathanenin steril ortamında, doğal olmak güvenli olmak anlamına gelmiyordu. Sonuçlar somut, bazen yıkıcı ve görmezden gelinemezdi.

Varsayımlarını sorgulayan ilk vakalardan biri, otuzlu yaşlarının ortalarında, fiziksel olarak formda ve genel olarak sağlıklı bir adamın ani ve şiddetli göğüs ağrısı nöbeti sonrası hastaneye yatırılmasıyla ilgiliydi. İlk şüphe klasik bir miyokard enfarktüsüydü, ancak Dr. London'ın ameliyat sırasında gözlemlediği şey tipik tablonun ötesine geçti. Yaşına göre nispeten esnek ve tıkanıklıklardan arınmış olması gereken koroner arterler, tıkanıklıklarla doluydu. Duvarlar kalınlaşmış, iltihaplanmış ve kan akışına dirençliydi. Hastaya öyküsü sorulduğunda, pasif bir şekilde şunları itiraf etmişti:*Sigaraya hiç dokunmamış olmasına rağmen, neredeyse on yıl boyunca her gün esrar kullandı.*Ailede erken yaşta kalp hastalığı öyküsü yoktu, önemli kolesterol sorunları bulunmuyordu ve kan basıncı ölçümleri genellikle normal sınırlar içindeydi. Yine de burada, esrar dumanının tek başına ciddi damar hasarına yol açabileceğinin çarpıcı bir göstergesi olan, kuşatma altındaki genç bir kalp vardı.

Ameliyat, sadece arter tıkanıklığından daha fazlasını ortaya çıkardı. Dr. London, akciğer dokusunda ince bir renk değişikliği, kronik sigara dumanına maruz kalmayı ele veren koyu renkli alanlardan oluşan bir yama gözlemledi. Daha önce kararmış akciğerleri öncelikle uzun süreli tütün kullanıcılarıyla ilişkilendirmiş olsa da, bu vaka şaşırtıcı bir karşı örnek teşkil ediyordu. Hastanın akciğerleri, ömür boyu sigara içen birinin akciğerleri kadar kapsamlı bir şekilde hasar görmemiş olsa da, erken dönemde katran birikimi, iltihaplanma ve elastikiyet azalması belirtileri gösteriyordu. Anestezi uzmanlarından biri, pasif bir şekilde şunu belirtmişti:*Akciğerlerin, onun yaşındaki birine göre beklenenden daha az esnek olması nedeniyle, ventilasyon basınçlarının ayarlanması gerekiyordu.*Ameliyat sırasında yapılan bu gözlemler, esrar dumanının akciğerler için minimal risk oluşturduğuna dair daha önce kabul edilen inancı sorgulayarak, birikimli maruz kalmanın sinsi doğasını vurguladı.

Bir diğer akılda kalıcı vaka, kırklı yaşlarının sonlarında olan ve planlı koroner bypass ameliyatı için hastaneye yatırılan bir kadını içeriyordu. Tıbbi kayıtları, tekrarlayan göğüs rahatsızlığı ve aritmiler dışında büyük ölçüde dikkat çekici değildi. Kadın, pasif bir şekilde şunları açıklamıştı: *Yirmi yılı aşkın süredir, doğal bir stres giderici olduğuna inanarak, sosyal ortamlarda esrar kullanıyordu.* Ameliyat sırasında, atardamar greftlerinde ciddi endotel disfonksiyonu ve o kadar yaygın plak oluşumu tespit edildi ki, birden fazla bypass ameliyatı gerekti. Dr. London, atardamarlarındaki inflamatuar belirteçlerin, on yıllarca sigara içmeyle ilişkilendirilen tipik kalıplara benzeyen, çarpıcı derecede yüksek olduğunu gözlemledi. Sigara içmeme durumu ile ciddi vasküler patoloji arasındaki zıtlık, önemli bir dersin altını çizdi: esrar dumanı zararsız değildi. Sonuçları artık göz ardı edilemeyecek hale gelene kadar sessiz, ilerleyici hasara neden olabiliyordu.

Dr. London, atardamarlar ve akciğerlerin ötesinde, kalplerin kendilerinde de ince ama tutarlı kalıplar fark etti. Sık sık esrar kullananların kalplerinde genellikle hafif hipertrofi, yani kronik zorlanmayı düşündüren kas duvarlarının kalınlaşması görülüyordu. Egzersiz sırasında bayılan genç bir adam getirilmişti; görüntüleme, tipik olarak yıllarca yüksek tansiyonun ardından gelişen bir durum olan erken sol ventrikül hipertrofisini ortaya çıkardı. Adam pasif bir şekilde itiraf etmişti ki*İşten sonra ve sosyal ortamlarda rahatlamak için her gün esrar kullanıyordu.*Bu ilişkiyi göz ardı etmek imkansızdı. Kalbin, THC ve duman bileşenlerinin neden olduğu artan kalp atış hızı, yükselen oksijen ihtiyacı ve damar daralmasından kaynaklanan tekrarlanan strese tepki verdiğini fark etti. Yıllarca sessiz kalan bu mikroskobik adaptasyonlar, kalp krizi, aritmi veya ani kalp ölümü gibi yaşamı tehdit eden olayların habercisiydi.

Dr. London, birçok vakada gecikmiş başvuru örüntüsü gözlemledi. Birçok hasta, ara sıra kalp çarpıntısı, nefes darlığı veya göğüs rahatsızlığı gibi hafif semptomlar yaşamış ve bunları ya görmezden gelmiş ya da strese bağlamıştı. Semptomların normalleştirilmesi, riski küçümseyen kültürel anlatılarla birleşerek, erken uyarı işaretlerinin göz ardı edildiği tehlikeli bir kısır döngü yaratmıştı. Bir hasta pasif bir şekilde şunları açıklamıştı:*Arkadaşlarının da sigara içtiğini ve kendilerini iyi hissettiklerini bildiği için, ara sıra yaşadığı göğüs sıkışmasının normal olduğuna inanıyordu.*Tıbbi müdahaleyi geciktiren ve hasarı daha da kötüleştiren bir zihniyet. Bu durumlarda ameliyat masası, daha erken fark edilseydi hafifletilebilecek hasarları ortaya koyan sert bir öğretmen haline geldi.

Kronik akciğer maruziyetini içeren vakalar, en duygusal açıdan çarpıcı derslerden bazılarını sağladı. Dr. London, hiç tütün içmemiş ancak on yıldır her gün esrar kullanan 29 yaşında bir erkeğin ameliyatını anlattı. Akciğerler belirgin şekilde kararmış, kronik iltihaplanma ve erken fibrozis lekeleri vardı. Anestezi uzmanı pasif bir şekilde şunu belirtmişti:*Azalan uyumluluk nedeniyle ventilasyon basınçlarının dikkatli bir şekilde ayarlanması gerekiyordu.*Uzun süreli duman solunmasının somut fizyolojik etkisini yansıtıyordu. Hastanın oksijen doygunluğu işlem sırasında beklenenden daha fazla dalgalandı ve bu da daha genç akciğerlerin bile organik dumandan kaynaklanan yapısal hasara karşı bağışık olmadığını gösterdi. Bu etkileri bizzat gözlemlemek, hastalara iletmeye başladığı mesajı pekiştirdi: akciğerler yanma için değil, hava için tasarlanmıştır ve madde ne olursa olsun, kümülatif maruz kalma ölçülebilir bir bedel ödetir.

Ameliyathane, kardiyovasküler ve pulmoner sistemlerin ötesine uzanan komplikasyonlara dair de bilgi sağladı. Düzenli esrar kullanımı öyküsü olan 42 yaşında bir kadın hastada sekonder hipertansiyon ve böbrek yetmezliğinin erken belirtileri gelişmişti. Bypass ameliyatı sırasında gözlemlenen vasküler değişiklikler böbrek perfüzyonunu tehlikeye atmış ve kronik sigara dumanının neden olduğu kardiyovasküler hasarın zincirleme etkilerini göstermişti. Hasta, pasif bir şekilde şunları açıklamıştı:*O, bu ürünü uzun vadeli sağlık sorunlarıyla hiç ilişkilendirmedi, "bitkisel ve zararsız" olduğuna inanıyordu.*Bu vakalarda organ sistemlerinin birbirine bağlılığı belirginleşti ve esrarın etkisinin izole olmadığını, zaman içinde birden fazla fizyolojik yolu etkileyebileceğini vurguladı.

Özellikle etkileyici bir vaka, kalp durması sonrası hastaneye yatırılan bir hastayı içeriyordu. Canlandırma başarılı olmuştu, ancak hasarın boyutu ameliyat sırasında ortaya çıktı. Koroner arterler ciddi şekilde tıkalıydı ve kalpte daha önce fark edilmemiş iskemik olaylardan kaynaklanan önemli ölçüde yara izi vardı. Dr. London, hastanın pasif bir şekilde itiraf ettiğini hatırladı:*Stresini kontrol altına almak için her gün esrar içiyordu, uzun vadeli sonuçlarını nadiren düşünüyordu.*Bu olay, kritik bir dersi pekiştirdi: uzun süreli kullanımdan kaynaklanan kümülatif risk, geleneksel risk faktörlerine sahip olmayan bireylerde bile aniden ve felaket niteliğinde ortaya çıkabilir. Ameliyat masası, kültürel olarak "güvenli" olarak algılanan şeyin ölümcül olabileceğine dair canlı ve düşündürücü bir örnek sundu.

Bu cerrahi deneyimler sayesinde, Dr. London'ın bakış açısı teorik kaygıların ötesine geçerek yaşanmış bir anlayışa dönüştü. Kararmış akciğerler, iltihaplanmış arterler, kalınlaşmış kalp duvarları gibi görsel kanıtlar ve hasta öykülerinin birleşimi, göz ardı edilemeyecek kadar güçlü bir anlatı ortaya koydu. Esrar dumanının, organik veya doğal kökenli olmasına bakılmaksızın, zamanla sessizce biriken ölçülebilir kardiyovasküler ve pulmoner riskler taşıdığı açıkça ortaya çıktı. Bu anlayış, hem klinik pratiğini hem de hasta eğitimine yaklaşımını şekillendirdi. Artık sadece genel çalışmalara veya anekdot niteliğindeki uyarılara güvenmiyordu; ameliyat masasında görülen, inkar edilemez, somut kanıtlara dayanıyordu.

Bu dersler hasta danışmanlığına da yansıdı. Dr. London, anonimleştirilmiş cerrahi gözlemlerin paylaşılmasının, hastaların utanç veya panik duymadan seçimlerinin ciddiyetini anlamalarına yardımcı olduğunu buldu. Somut sonuçları (arteriyel plak, kararmış akciğerler, hipertrofik kalpler) görselleştirebilen hastalar, alışkanlıklarını değiştirme konusunda daha büyük bir motivasyonla yanıt verdiler. Bir hasta pasif bir şekilde şunu açıklamıştı:*Hiç sigara içmemiş olmasına rağmen akciğerlerinin uzun süredir tütün içen birinin akciğerlerine benzediğini öğrenince şok oldu.*Bu durum onu kullanımını azaltmaya ve daha sağlıklı rutinler benimsemeye yönlendirdi. Somut, kanıta dayalı örnekler sunmak açıklık sağladı, bilinçli kararlar alınmasını kolaylaştırdı ve proaktif sağlık önlemlerinin aciliyetini pekiştirdi.

Ameliyat masası ayrıca bireysel duyarlılıktaki değişkenliği de ortaya koydu. Bazı uzun süreli kullanıcılar kapsamlı hasar gösterirken, diğerleri benzer alışkanlıklara rağmen orta düzeyde değişiklikler gösterdi; bu da genetiğin, yaşam tarzı faktörlerinin ve eşlik eden rahatsızlıkların rolünü vurguluyor. Bu karmaşıklık, hastalarla incelikli bir iletişim gerektiriyordu: bırakma ve risk azaltma stratejileri, herkese uyan tek bir yaklaşım yerine kişiselleştirilmeliydi. Dr. London, gözlemlenebilir hasar minimal görünse bile, kümülatif zarar potansiyelinin devam ettiğini ve erken müdahalenin ciddi sonuçları önleme konusunda en iyi şansı sunduğunu vurguladı.

Bu vakalar, Dr. London'ın kamuoyu, hastalar ve ailelerle paylaştığı anlatıyı yeniden şekillendirdi. Kardiyovasküler risk, akciğer hasarı ve iltihaplanma hakkındaki soyut uyarılar, yetkin bir şekilde iletilebilen canlı, klinik kanıtlarla değiştirildi. Ameliyat masasının, alışkanlık haline gelmiş esrar kullanımının sonuçlarının gözlemlenebileceği, ölçülebileceği ve bağlamlandırılabileceği bir laboratuvar ve bir sınıf olduğunu fark etti. Her cerrahi vaka, hasar geri döndürülemez hale gelmeden önce eğitim vermenin, önlemenin ve müdahale etmenin gerekliliğini pekiştirdi. Teknik gözlemlerin ötesinde, bu deneyimler Dr. London'ın insan davranışı ve inanç sistemlerine dair daha geniş bir anlayışını etkiledi. Hastalar genellikle esrarın zararsız olduğuna ikna olmuş bir şekilde geliyorlardı, ancak bedenleri farklı bir hikaye anlatıyordu. Algı ve gerçeklik arasındaki bu zıtlık, halk sağlığı mesajlarının zorluğunu vurguladı: kültürel anlatılar, akran etkisi ve sosyal medya, anekdot niteliğindeki ihtiyatlılığın önüne geçiyordu. Ameliyathane, mitlerin kanıtlarla çarpıştığı ve tıbbi gerçeğin artık göz ardı edilemeyeceği bir yer haline geldi.

Bu birikimli deneyimlerin sonunda Dr. London, ameliyat masasının derslerinin bireysel vakaların çok ötesine uzandığını fark etti. Her hasta, toplumsal varsayımların bir mikrokozmosunu, doğalcı yanılgıların, akran normalleştirmesinin ve yanlış bilgilendirmenin nasıl somut zarara dönüşebileceğinin canlı bir örneğini temsil ediyordu. Yaklaşımı, yalnızca cerrahi müdahaleyi değil, proaktif eğitimi, hasta güçlendirmesini ve toplumsal farkındalığı da içerecek şekilde gelişti. Kanıtların varsayımsal olmadığını; görünür, ölçülebilir ve ikna edici olduğunu vurguladı.

Kararmış akciğerler, kalınlaşmış arterler ve zorlanan kalpler hakkındaki hikayeler, onun iletişim stratejisinin merkezine yerleşti. Hastalar ve aileleri, kronik esrar kullanımının sonuçlarının doğrudan gözlemlenebileceğini anladıklarında, bırakma veya risk azaltma stratejilerine uyum arttı. Bir hasta, pasif bir şekilde şunu açıklamıştı:*Ameliyat sırasındaki gözlemlerden elde edilen çizimleri gördükten sonra nihayet harekete geçti.*Somut kanıtların motivasyon gücünü göstermektedir. Bu nedenle ameliyat masası sadece bir müdahale alanı değil, aynı zamanda önleme, farkındalık ve bilinçli karar verme için bir katalizör görevi görmüştür.

Dr. London, bu derslerin kendisi için de kişisel olduğunu belirtti. Genç, aksi halde sağlıklı hastalarda önlenebilir hasara tanık olmak, birçok kişinin esrar hakkındaki rahatlatıcı varsayımlarını sorgulamasına neden oldu. Birikimli riskin ciddiyeti, damar ve akciğer hasarının sinsice ilerlemesi ve ani, bazen de felaket niteliğindeki sonuçlar göz ardı edilemezdi. Tıp uzmanlarının bu bilgileri daha geniş halk kitleleri için erişilebilir, uygulanabilir bir rehbere dönüştürme sorumluluğunun farkındaydı.

Sonuç olarak, ameliyat masası, uzun süreli esrar kullanımının gizli tehlikelerini ortaya koyan düzinelerce vaka aracılığıyla, fikrini bir kez değil, defalarca değiştirmişti. Akciğerleri kararmış genç yetişkinlerden, yaygın arteriyel plaklara sahip orta yaşlı hastalara kadar, kanıtlar hem ikna edici hem de inkar edilemezdi. Her vaka, bu kitabın kritik mesajını pekiştirdi: Esrar dumanı, kültürel olarak "organik" veya "güvenli" olarak normalleştirilmiş olsa da, kalp, akciğer ve damar sistemi için ölçülebilir, kümülatif riskler taşıyordu. Dr. London'ın on yıllarca süren cerrahi gözlemlerle geliştirdiği bakış açısı, hem duygusal yankı uyandıran hem de klinik olarak güvenilir bir mesajın temeli haline geldi. Ameliyatın dersleri açıktı: Önleme, farkındalık ve bilinçli karar verme şarttı ve zararın somut kanıtlarını görmezden gelmek artık bir seçenek değildi.

Bu deneyimler aracılığıyla okuyucu, yalnızca riskin fizyolojisini değil, sonuçların yaşanmış gerçekliğini de anlamaya davet edildi. Keskin netliğiyle ameliyat masası, hem bir öğretmen hem de bir uyarı niteliği taşıyarak, esrar kullanımına ilişkin alınan kararların insan sağlığı üzerinde gerçek, gözlemlenebilir ve bazen geri döndürülemez etkileri olduğunu gösterdi. Anonimleştirilmiş ancak canlı olan bu hastaların hikayeleri, ne kadar doğal görünürse görünsün hiçbir maddenin risksiz olmadığı gerçeğinin nihai kanıtını oluşturdu.

Bölüm 23 – Son Uyarı: Sigara Yakmadan Önce İki Kez Düşünmeniz Gereken Nedenler

Hastanede sessiz bir akşamdı; Dr. London, uzun bir ameliyat gününün ardından durup, toplumun sıklıkla küçümsediği alışkanlıklar yüzünden zarar görmüş sayısız kalp ve akciğeri düşündü. Görüntüler hâlâ zihninde canlıydı: kararmış akciğerlerin yamalı görüntüsü, kalınlaşmış atardamar duvarları, görünmez bir stres altında büyümüş ve gerilmiş kalpler. Her hasta, bir noktada, esrarın zararsız olduğuna, dumanının "organik" olduğuna, kullanımının az risk taşıdığına ikna edilmişti. Ancak ameliyat odasında bu yanılsamalar ortadan kalkmıştı. Gerçek kaçınılmaz, sert ve birçok durumda yıkıcıydı. Bu son bölüm, onlarca yıllık gözlem, araştırma ve klinik deneyimini göz ardı edilemeyecek bir mesaja dönüştürme girişimiydi.

Bu kitabın ilk sayfalarından itibaren anlatı, doğal maddelerin doğası gereği güvenli olduğu yönündeki yaygın varsayımı sorgulamıştı. İnsanlar uzun zamandır "bitkisel" veya "organik"in zararsızlıkla eşdeğer olduğu fikrine kapılmışlardı. Bu, birçok insanın potansiyel sonuçlarla yüzleşmeden alışkanlıklarını rasyonelleştirmesine olanak tanıyan rahatlatıcı bir düşünceydi. Esrar, bu kültürel önyargıdan faydalanmış, algılanan masumiyeti on yıllarca süren savunuculuk, yasal değişiklikler ve sosyal medya tasvirleriyle güçlendirilmişti. Dr. London, bu zihniyetin hastaların öykülerinde, tavsiyelere ilk başta gösterdikleri dirençte ve her yaş ve demografik grupta kullanımın normalleşmesinde yansıdığını görmüştü. Ameliyat masası, doğanın etiketinin duman, THC ve yanma ürünlerinin yol açtığı fizyolojik hasara karşı hiçbir koruma sağlamadığını açıkça ortaya koymuştu.
Akciğerler, bu durumu ilk anlatan organlardan biriydi. Daha önce hiç tütün kullanmamış birçok hastada, yıllarca esrar kullandıktan sonra akciğer dokusunda erken veya orta derecede kararma gözlemlendi. Bronş iltihabı, kalınlaşmış hava yolu duvarları ve azalmış akciğer uyumluluğu tekrarlayan gözlemlerdi. Yirmili yaşlarının sonlarında olan genç bir adam, hafif bir kalp krizi geçirdikten sonra hastaneye yatırılmıştı ve cerrah, pasif bir şekilde şunu fark etmişti:*Akciğerlerinin rengi gözle görülür şekilde değişmişti ve yaşına göre beklenenden daha az elastikti.*Fizyolojik sonuçlar apaçık ortadaydı: oksijen alışverişinin azalması, kronik öksürük ve solunum yolu enfeksiyonlarına yatkınlık. Hatta sıradan veya sosyal normlara uygun kullanım bile ölçülebilir riskler taşıyordu. Bitkinin organik kökeninin dumanı zararsız kıldığı düşüncesi, doku hasarına dair somut kanıtlarla kesin olarak çürütülmüştü.

Kalp ve damar sistemi de aynı derecede acımasızdı. Sayısız ameliyat boyunca Dr. London, THC ve dumanın kalp atış hızı, kan basıncı ve damar bütünlüğü üzerindeki ince ama amansız etkilerini görmüştü. Günlük kullanıcıların koroner arterlerinde, aksi takdirde sağlıklı bir yaşam tarzına sahip kırk yaşın altındaki hastalarda bile, sıklıkla plak birikimi, kalınlaşmış duvarlar ve iltihaplanma görülüyordu. Bir hasta ani bir miyokard enfarktüsü nedeniyle hastaneye yatırılmış ve arterlerin o kadar hasar gördüğü ortaya çıkmıştı ki, bypass ameliyatı gerekmişti. Dr. London, pasif bir şekilde şunu açıklamıştı:*Sigara içmediği için esrarın zararsız olduğunu varsaymıştı.*Algı ve gerçeklik arasındaki tehlikeli kopukluğu gözler önüne seriyor. Kalp de, akciğerler gibi, esrar dumanına tekrar tekrar maruz kalmanın yol açtığı kronik stresin belirgin izlerini taşıyordu.

Yapısal hasarın ötesinde, kalp ve akciğerler üzerindeki fonksiyonel etki de oldukça büyüktü. Hastalar genellikle iyi huylu veya kaygıya bağlı olarak değerlendirilen aritmiler, yüksek dinlenme kalp atış hızları ve çarpıntı atakları ile başvuruyorlardı. Dr. London, zihinsel stres, THC zehirlenmesi ve kardiyovasküler zorlanma arasındaki geri bildirim döngüsünün riskleri artırdığını gözlemlemişti. Düzensiz kalp atışı nedeniyle hastaneye yatırılan genç bir kadın, pasif bir şekilde şunları açıklamıştı:*Stresini yönetmek için her gün esrar kullanıyordu.*Kullandığı rahatlama maddesinin kalp rahatsızlığına katkıda bulunduğunun farkında değildi. Bu durumlar, düşündürücü bir gerçeği pekiştirdi: esrarın algılanan faydaları, ciddi ve birikimli zararları maskeleyebilir.

Bu kitabın bölümleri, bu gözlemlerin altında yatan mekanizmaları incelemişti. THC kaynaklı vazokonstriksiyon, oksijen ihtiyacının artması, endotel disfonksiyonu ve sistemik inflamasyon soyut terimler değildi; bunlar, hasta öykülerini ameliyat odasında gözlemlenebilir patolojiye dönüştüren süreçlerdi. Vücudun adaptif mekanizmaları bir süreliğine telafi edebilirdi, ancak hasar kademeli ve sessizdi, ta ki felaket bir olay farkına varılmasını zorunlu kılana kadar. Dr. London, asemptomatik kullanıcıların bile önemli kardiyovasküler ve pulmoner hasara sahip olabileceğini vurguladı. Anlık semptomların olmaması güvenlik anlamına gelmiyordu; sadece kaçınılmaz riskle yüzleşmeyi geciktiriyordu.

Hastalar arasındaki gözlemler, kronik, sık veya yüksek etkili kullanımın tehlikelerini de ortaya koymuştu. Yüksek THC seviyeleri içeren türlerin bulunduğu modern piyasa, kalp ve akciğerler üzerindeki fizyolojik stresi yoğunlaştırmıştı. Derin nefes alma teknikleri, uzun süreli nefes tutma ve tekrarlayan maruz kalma, katran ve partikül madde birikimini artırarak iltihabı ve damar gerilimini şiddetlendiriyordu. Genç bir yetişkin, yaşıtlarına kıyasla orta düzeyde kullanımına rağmen, erken koroner tıkanıklık ve kararmış akciğerlerle hastaneye yatırılmıştı. Pasif bir şekilde şunları açıklamıştı:*Daha güçlü etkiler için yüksek THC oranına sahip türleri tercih ediyordu.*Bu durum, etken maddenin gücünün gizli tehlikeleri nasıl artırabileceğini göstermektedir. Dr. London'ın gözlemleri, riski değerlendirirken kullanım sıklığı, yoğunluğu ve yöntemini dikkate almanın gerekliliğinin altını çizmiştir.

Bağımlılık ve normalleşme durumu daha da karmaşıklaştırdı. Birçok hasta yıllarca günlük olarak madde kullanmıştı ve genellikle yoksunluk belirtilerini veya bağımlılığı gösteren davranışsal ipuçlarını fark etmemişlerdi. Hastalar madde kullanımını bıraktıktan sonra sıklıkla pasif olarak sinirlilik, kaygı, uyku bozuklukları ve aşırı istek bildiriliyordu, ancak farkına varılmadan önceki kümülatif maruz kalma, yapısal ve işlevsel hasara zaten yol açmıştı. Dr. London, bu örüntülerin diğer maddelerde görülen bağımlılık profillerini yansıttığını belirtti: uzun süreli maruz kalma, sessiz ilerleme ve zararın geç fark edilmesi. Fizyolojik risk ve davranışsal pekiştirmenin birleşimi, erken eğitim ve farkındalığı daha da kritik hale getirdi.

Sosyal anlatıların etkisi göz ardı edilemezdi. Hastalar sıklıkla sosyal medyayı, yasal statüyü ve akran görüşlerini, kullanıma devam etme gerekçeleri olarak gösteriyorlardı. Orta yaşlı bir hasta ise pasif bir şekilde şunu açıklamıştı:*Esrarın yasal olması ve arkadaşları ve meslektaşları arasında yaygın olarak kabul görmesi nedeniyle güvenli olduğuna inanıyordu.*Yasallık, toplumsal kabul edilebilirlik ve fizyolojik güvenlik arasındaki kopukluk, tekrar eden bir temaydı. Dr. London, kamuoyu algısının genellikle tıbbi gerçekliğin gerisinde kaldığını ve riski gizleyen bir "güvenlik halesi" yarattığını gözlemledi. Ameliyathane, mitlerin kanıtlarla çarpıştığı ve soyut veya kaçınılabilir olmayan sonuçları ortaya çıkardığı bir yer olarak hizmet etmişti.

Eğitim ve proaktif iletişim, önleme için olmazsa olmaz araçlardı. Dr. London, klinik gözlemlerin hastalar, aileler ve topluluklar için erişilebilir rehberlere dönüştürülmesinin gerekliliğini vurgulamıştı. Ayrıntılı açıklamalar, görsel yardımcılar ve vaka örnekleri, algı ile gerçeklik arasındaki boşluğu kapatmada etkili olmuştu. Genç bir yetişkin, pasif bir şekilde şunu açıklamıştı:*Hasar görmüş akciğerlerin ve kalınlaşmış atardamarların görüntülerini görmek, ayrıca kardiyovasküler stresin net bir şekilde açıklanması, onu kullanımını azaltmaya motive etti.*Somut kanıtların davranışları etkileme gücünü gösterdi. Bilinçli karar vermenin, açıklık, empati ve gerçeklere dayalı iletişime bağlı olduğunu belirtti.
On yıllarca süren gözlem ve klinik deneyimlerden damıtılan kitabın özet mesajı açık ve netti: Esrar dumanı, doğal kaynağı ne olursa olsun, kalp ve akciğer sağlığı için ölçülebilir riskler oluşturuyordu. Sık kullanım, yüksek etkili ürünler ve uzun süreli maruz kalma bu tehlikeleri artırırken, toplumsal normalleşme ve yanlış bilgilendirme bunları gizliyordu. Genellikle düşük riskli olduğu düşünülen genç bireyler bile ani kalp rahatsızlıklarına, aritmilere ve akciğer hasarına karşı savunmasızdı. Sağlıklı yaşam tarzlarıyla gelen hastalar, genellikle ancak cerrahi müdahale gerekliliğiyle karşı karşıya kaldıklarında altta yatan yapısal hasarı ortaya çıkarıyorlardı. Bunlar varsayımsal riskler değildi; gerçek, ölçülebilir ve potansiyel olarak yaşamı değiştirebilecek risklerdi.

Dr. London bu deneyimlerin duygusal ağırlığı üzerine düşündü. Cerrahlar onarım, stabilizasyon ve yaşamı koruma konusunda eğitilmişlerdi, ancak önlenebilir hasara tekrar tekrar maruz kalmak düşündürücü bir etki yaratıyordu. Her hasta, sessiz bir ilerleme, kültürel varsayımlar ve zararın geç fark edilmesiyle ilgili bir hikayeyi temsil ediyordu. Yıllarca uyarıları görmezden gelen aileler, ameliyat odasında aniden acı gerçekle yüzleşiyorlardı. Beklenti ve sonuç arasındaki zıtlık, önleme ve eğitimin aciliyetini pekiştiriyordu.

Son uyarısını yayınlayan Dr. London, bilinçli seçimin önemini vurguladı. Her bireyin riskleri anlama ve karar verme hakkı vardı, ancak bu kararlar efsanelerden ziyade kanıtlara dayanmalıydı. Doğalcı iddiaların, sosyal eğilimlerin ve yasal izinlerin cazibesi fizyolojik gerçeği gizleyemezdi. İnsan vücudu duman ve THC maruziyetine ölçülebilir, birikimli şekillerde tepki verirdi ve bu etkilerin farkında olmak, sorumlu karar vermenin ön koşuluydu.

Esrar kullanmaya zaten başlamış olanlar için Dr. London, kullanım sıklığı, etki gücü ve yöntemi üzerinde düşünmelerini tavsiye etti. Maruz kalmayı azaltmak, alternatif başa çıkma stratejileri benimsemek ve tıbbi rehberlik aramak, riski azaltabilecek proaktif adımlardı. Bir hasta pasif bir şekilde şunu açıklamıştı:*Sağlığına öncelik vermek için rutinini değiştirdi, egzersizi hayatına dahil etti ve solunum sıklığını azalttı.*Bilinçli ayarlamanın sonuçları olumlu yönde etkileyebileceğini gösterdi. Önleme sadece kaçınmayla ilgili değildi; riski bilinçli ve bilgili bir şekilde anlamak ve yönetmekle ilgiliydi.

Toplumsal boyut da aynı derecede kritikti. Kamuoyu algısı, akran etkisi ve medya temsili alışkanlıkları şekillendirdi ve kullanımı normalleştirdi, çoğu zaman riski küçümsedi. Dr. London, tüm demografik gruplara erişilebilir, doğru ve bilime dayalı eğitimi savundu ve yanlış anlamaları düzeltmenin ve somut, klinik temelli kanıtlar sunmanın gerekliliğini vurguladı. Toplulukların, ailelerin ve sağlık hizmeti sağlayıcılarının, riskin gerçekliğini açık, şefkatli ve tutarlı bir şekilde iletme konusunda ortak bir sorumluluğu vardı.

Kitabın son sözleri netleşirken, Dr. London genel mesajı pekiştirdi: kalp ve akciğer sağlığı, refahın vazgeçilmez unsurlarıydı ve esrar dumanı gerçek, birikimli tehditler oluşturuyordu. On yıllarca süren cerrahi gözlemlerden elde edilen ve araştırmalarla desteklenen kanıtlar, şüpheye yer bırakmıyordu. Sigara içme kararı sadece kişisel bir tercih değildi; kardiyovasküler bütünlük, akciğer fonksiyonu ve genel yaşam kalitesi için potansiyel uzun vadeli sonuçlar doğuruyordu.

Okuyucular farkındalığa, düşünmeye ve harekete geçmeye çağrıldı. Bu ahlaki bir öğüt ya da korkuya yönelik bir çağrı değildi, aksine tartışılmaz bir gerçekliğin sunumuydu. Ameliyat odası, sıradan sohbetlerin, akranların güvencesinin veya toplumsal normalleştirmenin sıklıkla gizlediği gerçeği ortaya koymuştu: duman, kaynağı ne olursa olsun, ölçülebilir bir bedel ödetiyordu. Zorlanan kalpler, hasar gören akciğerler, iltihaplanan arterler; bunlar, yaygın olarak zararsız olduğuna inanılan bir maddenin görünür belirtileriydi.

Dr. London, doğrudan ve acil bir mesajla konuşmasını sonlandırdı: Sigara içmeden önce iyice düşünün. Kanıtları tanıyın, riskleri anlayın ve kararlarınızı efsanelerden ziyade bilime dayalı olarak verin. Önleme, ölçülülük ve bilinçli seçim, uzun vadeli sağlık için şarttır. Her nefes, her seans, on yıllar sonra veya hatta ani, yaşamı tehdit eden olaylarda ortaya çıkabilecek kümülatif etkiler taşır. Farkındalık ilk savunma hattıdır; bilinçli karar verme ise ikincisidir.

Sonuç olarak, kitap sorumluluk çağrısıyla sona erdi; kendine, sevdiklerine ve daha geniş topluma karşı sorumluluk. Doğal masumiyet anlatısı, ameliyat odasındaki gözlem, araştırma ve yaşanmış deneyimlerle yerle bir edilmişti. Dr. London'ın son uyarısı açık, özlü ve kaçınılmazdı: Alışkanlık haline gelmiş esrar kullanımının sonuçları gerçek, ölçülebilir ve potansiyel olarak yıkıcıydı. Okuyuculara durup düşünmeleri, kanıtları değerlendirmeleri ve uzun vadeli kalp ve akciğer sağlıklarını toplumsal varsayımların veya geçici kültürel eğilimlerin üzerinde tutmaları çağrısında bulunuldu. Esrar yakma kararının asla hafife alınmaması gerektiğini vurguladı.

Bölüm, okuyucuyu somut kanıtlar, hastaların yaşam öyküleri ve dumanın insan vücuduna yaptığı etkilerin yalın gerçeği üzerinde düşünmeye bırakan, sessiz ve düşünceli bir notla sona erdi. Tıbbi gerçekliğe dayalı bilinçli seçimler, korunma, uzun ömür ve esenliğin yoluydu. Son uyarı basit ama derindi: iki kez düşünün, tam olarak anlayın ve akıllıca seçim yapın. Her nefes almanın bir sonucu vardı ve bilinçli hareket etme zamanı şimdiydi.

SON

www.ingramcontent.com/pod-product-compliance
Lightning Source LLC
LaVergne TN
LVHW092051051026
849517LV00013B/1740
* 9 7 9 8 2 9 5 4 7 0 9 6 7 *